区块链+大数据：
突破瓶颈，开启智能新时代

杨永强　蔡宗辉　刘雅卓　著

机械工业出版社

继大数据、工业4.0之后，区块链作为一种新的互联网技术，以新的时代趋势出现，而且区块链与大数据、工业4.0呈现相融相生的格局，特别是区块链和大数据两者更是不可分割，区块链必须与大数据深度融合才能发挥其真正的价值。另外，大数据本身也面临一些很难突破的困境，而区块链技术的迅速崛起，势必会帮助大数据突破困境，让两种技术在相互融合中共生共长。

为了让读者更好地了解区块链的实际应用，本书讲述了区块链在大数据、金融领域、医疗行业、物联网、知识产权管理、能源等方面的应用，同时还对区块链及大数据在各方面的融合发展趋势进行分析和预测。本书属于普及类的大众读物，逻辑清晰、案例新颖，即使是区块链零基础的读者也可阅读。

图书在版编目（CIP）数据

区块链+大数据：突破瓶颈，开启智能新时代 / 杨永强，蔡宗辉，刘雅卓著 . —北京：机械工业出版社，2019.5（2023.9重印）
ISBN 978-7-111-62633-6

Ⅰ . ①区… Ⅱ . ①杨… ②蔡… ③刘… Ⅲ . ①电子商务—支付方式—研究 Ⅳ . ①F713.361.3

中国版本图书馆CIP数据核字（2019）第082372号

机械工业出版社（北京市百万庄大街22号 邮政编码100037）
策划编辑：孙 业 责任编辑：孙 业 秦 菲
责任校对：徐红语 责任印制：单爱军
北京虎彩文化传播有限公司印刷
2023年9月第1版第10次印刷
169mm×239mm · 11.5印张 · 173千字
标准书号：ISBN 978-7-111-62633-6
定价：39.80元

电话服务 网络服务
客服电话：010-88361066 机 工 官 网：www.cmpbook.com
　　　　　010-88379833 机 工 官 博：weibo.com/cmp1952
　　　　　010-68326294 金 书 网：www.golden-book.com
封底无防伪标均为盗版 机工教育服务网：www.cmpedu.com

前言
PREFACE

大数据从诞生到今天,已经取得了非常多的成绩,几乎所有的行业都需要大数据来支撑。随着互联网、云计算、物联网等技术的逐步发展,数据的采集、分析也变得日益简单,在这些技术的帮助下,大数据也将发挥出更大的价值。

大数据在处理过程中,与传统数据处理方式相比有三个特点:大数据是对全部数据的处理分析而不是抽样分析;在数据分析时,整体的效率提升,结果更加精确;数据中的相关关系比因果关系更重要。

大数据虽然取得了明显的进展,但是也面临一定的困境。目前,数据已成为企业重要的资源,也越来越受到关注。在数据资源的开发利用中,数据的开放、共享、流通、隐私保护成为痛点。

大数据的核心价值就在于做出精准的预测,高质量的数据是前提,但是,在行业中优质可用的数据非常少,这给数据分析增加了难度。大数据的一大明显特征就是关联性比较强,但是,企业之间、政企之间都把数据紧紧地握在自己手中,不对外共享,形成了严重的信息壁垒。

此外,在进行数据处理时,由于对问题梳理得不够全面,低估大数据的复杂程度，并且缺乏大数据的分析能力，导致大数据项目应用频频失败。在大数据的实践应用中，缺乏专业的数据分析人才、现有模型数据相对陈旧、数据建模对场景细分不够等问题都给大数据产业的发展带来了困难。

大数据建立在云计算的基础上，通过云管理的手段进一步实现大数据的管理应用是必然的，但现实中屡屡发生的云管理失误案例让大数据行业在企业管理方面的应用受到了质疑，这也是大数据的发展一直停留在困境中的主要原因。

因此，如何解决以上问题是未来大数据发展的重点。而区块链技术的出现为解决大数据面临的问题提供了新的思路。大数据技术是建立在集中式核心思想上的，而区块链的本质是分布式系统。集中式的大数据与分布式的区块链相结合必然产生更大的价值。

区块链具有数据不可篡改、可追溯的特点，能够解决数据共享开放中的很多问题。利用区块链技术，能够建立一个可以记录时间先后、不可篡改、可信任的数据，该数据库是去中心化的，能够保证数据的安全。利用区块链技术，不再需要第三方中介组织，没有建立信任关系的双方能够直接实现交易。

在数据的流通领域，隐私保护问题一直存在，一旦数据交易触及了法律，就很难再举证。利用区块链技术，建立一个数据交易追溯平台，然后把每一笔交易数据都存储到该平台中，交易双方可以获得一个交易凭证，交易凭证中记录着这笔交易的数字证书以及交易信息存储的地址，用户可以直接在该平台中完成交易数据的确权。

区块链技术使大数据的交易变成了对数据使用权的交易，这样，数据在产生时就可以被加密存储到区块链中。区块链能够明确交易历史以及各方的贡献，量化数据价值。数据在计算以及输出的每一个环节都被记录在区块链中，如果交易参与者对数据源头存在质疑，就可以利用区块链的追溯特性来核实。

区块链与大数据结合起来，能够打破数据孤岛，建立一个开放的数据共享生态体系。区块链作为一种基础性技术，将会通过与大数据结合的方式被应用到各个行业，为行业带来模式创新，重塑现有的商业模式。

在大数据中使用区块链技术，能够保证数据不被篡改，通过区块链与大数据的结合，区块链中的数据会更加具有价值，实现大数据的预测分析落实到实践中，促进数字经济时代的发展。

区块链实现了数据的开放共享，扩大了数据规模，规范了数据管理，而大数据能够极大提高区块链的数据价值。区块链数据库记录了每一笔交易数据，并以其可信任、不可篡改的特性让更多的数据被挖掘出来，不同行业中的数据相融合扩大了数据规模，逐步形成全球化的数据交易模式。

目前，区块链技术的发展已经引起了社会各界的广泛关注，人们普遍认为，该技术能够推动互联网的发展，有效解决互联网中的信任问题，从而推动大数据的快速发展。

目录
CONTENTS

前 言

第1章 大数据发展面临窘境，区块链技术异军突起 / 1
CHAPTER ONE

 1.1 大数据产业发展的三大基石：云计算、物联网、移动互联网技术 / 1

  1.1.1 云计算 / 2

  1.1.2 物联网 / 4

  1.1.3 移动互联网技术 / 7

 1.2 大数据发展面临五大困境 / 10

  1.2.1 优质可用数据少 / 10

  1.2.2 信息壁垒严重 / 13

  1.2.3 数据处理有困境 / 16

  1.2.4 实践应用障碍多 / 18

1.2.5 云管理失误多 / 19

1.3 区块链发展的三个阶段：1.0—2.0—3.0 / 20

1.3.1 区块链1.0：货币 / 21

1.3.2 区块链2.0：合约 / 22

1.3.3 区块链3.0：新应用 / 24

1.4 区块链技术的七大行业应用 / 26

1.4.1 区块链在金融行业的五大应用场景 / 26

1.4.2 区块链在医疗行业的六大发展机遇 / 28

1.4.3 区块链融合物联网，打造智慧地球 / 31

1.4.4 区块链与知识产权管理，让维权更容易 / 32

1.4.5 区块链让智慧能源迎来新契机 / 34

1.4.6 区块链在供应链中消除平台壁垒 / 35

第2章 区块链与大数据的联系与区别 / 39

2.1 区块链是大数据的安全载体 / 39

2.1.1 区块链确保数据安全性 / 39

2.1.2 区块链保障数据私密性 / 41

2.1.3 区块链保护数据相关权益 / 45

2.2 区块链和大数据的共同关键词：分布式 / 46

2.2.1 分布式：让大数据和区块链从技术权威向去中心化转变 / 47

2.2.2 分布式存储：HDFS VS 区块 / 48

2.2.3 分布式计算：MapReduce VS 共识机制 / 50

2.3 区块链与大数据生命周期大不相同 / 52

2.3.1 大数据：萌芽期—过热期—幻灭期—复苏期—成熟期 / 52

2.3.2 区块链：技术萌芽期—过热期 / 55

2.4 区块链与大数据在数据方面的六个差异 / 57

2.4.1　数据集：足够大 VS 有限　/　58
2.4.2　数据结构：结构化 VS 非结构化　/　59
2.4.3　信息：独立 VS 整合　/　61
2.4.4　表达方式：数学 VS 数据　/　63
2.4.5　数据本质：直接 VS 间接　/　65
2.4.6　数据特点：匿名 VS 个性化　/　67

第3章 CHAPTER THREE　区块链与大数据技术创新融合　/　69

3.1　区块链+大数据 VS 大数据+区块链　/　69
　3.1.1　在区块链中融入大数据技术　/　70
　3.1.2　在大数据中融入区块链技术　/　72
3.2　区块链助力大数据采集、存储与分析　/　73
　3.2.1　数据采集：区块链解放更多数据　/　74
　3.2.2　数据存储：区块链是强背书的数据库存储技术　/　77
　3.2.3　数据分析：区块链授权研究机构才能访问数据　/　79
　3.2.4　区块链推进基因测序大数据产生　/　82

第4章 CHAPTER FOUR　区块链在大数据领域的运用　/　85

4.1　区块链加速数据流通产业可确权时代的到来　/　85
　4.1.1　建立去中心化的数据流通平台　/　86
　4.1.2　突破信息孤岛，建立数据横向流通机制　/　88
　4.1.3　跟踪数据交易的全过程　/　91
　4.1.4　保证数据交易不可篡改　/　93
　4.1.5　确保链上数据来源可靠性　/　96
　4.1.6　对确权数据做登记和验证　/　98
4.2　区块链如何助力大数据实践应用　/　101
　4.2.1　区块链为大数据分析提供机会　/　101
　4.2.2　区块链让实时数据分析成为可能　/　104

4.2.3　区块链揭示交易数据　/　106

4.2.4　区块链揭示用户倾向　/　109

第5章 CHAPTER FIVE　大数据在区块链网络中的交易　/　111

5.1　大数据交易中的瓶颈　/　111

5.1.1　数据提供方有哪些疑虑　/　112

5.1.2　数据需求方有哪些疑虑　/　113

5.1.3　监管层有哪些疑虑　/　115

5.2　区块链破解大数据交易难题的方法　/　116

5.2.1　利用不对称加密技术，对售卖数据签名　/　116

5.2.2　静态数据隔离验证，保护用户隐私数据　/　118

5.2.3　以动态数据最小交易单元为交易标准　/　120

第6章 CHAPTER SIX　区块链智能合约和大数据促进社会共治　/　122

6.1　智能合约概况　/　122

6.1.1　什么是智能合约　/　122

6.1.2　智能合约与区块链的关系　/　125

6.1.3　区块链智能合约的构建、存储和执行　/　127

6.2　区块链与大数据促进社会共治方法　/　131

6.2.1　基于大数据的信用体系建设是社会共治的基础　/　131

6.2.2　智能合约通过代码和数据实现程序操作自动化　/　134

6.2.3　区块链带来共享、共治性质的大数据　/　136

6.2.4　智能合约破解大数据风控难题　/　138

6.2.5　海尔经营智能合约平台，合同形成从22天减至2天　/　140

第7章 CHAPTER SEVEN　"区块链+大数据"的未来趋势　/　142

7.1　"区块链+大数据"技术开发趋势　/　142

7.1.1　底层系统开发：去中心化 + 区块链构建 + 数据安全　/　143

7.1.2　上层应用开发：社交区块链 + 金融区块链 + 信用区块链　/　145

7.2　"区块链 + 大数据"助力人工智能　/　148

7.2.1　区块链优化后的大数据：人工智能的优质油田　/　148

7.2.2　区块链重塑生产关系反作用于人工智能　/　151

7.2.3　"区块链 + 大数据"与人工智能深度融合　/　153

7.3　共享经济日益繁荣　/　156

7.3.1　区块链缔造崭新的共享经济　/　157

7.3.2　"区块链 + 共享经济"促进经济创新　/　159

7.3.3　Smartshare：借区块链为共享经济插上翅膀　/　162

7.4　打造新职业　/　164

7.4.1　区块链研究员、高级顾问　/　164

7.4.2　区块链视觉设计师　/　165

7.4.3　区块链数据科学家　/　167

7.5　"区块链 + 大数据"：与欺诈说再见　/　167

7.5.1　"区块链 + 大数据"：值得信赖的第三方调解人　/　168

7.5.2　如何避免身份欺诈：建立"分享 + 流动 + 信用"机制　/　169

7.5.3　反思脸书"数据门"：IT 巨头重视区块链数据加密　/　172

第 1 章

大数据发展面临窘境，区块链技术异军突起

随着大数据行业的飞速发展，行业的技术窘境也日益明显。由于技术的深入，人们发现现有的大数据产业面临着优质可用数据少、信息壁垒严重、数据处理有困境、实践应用障碍多、云管理失误多五大困境。而这些困境是由现有技术手段的不足造成的，因此，必须依靠新技术才能够突破大数据行业的瓶颈。

在大数据的发展面临窘境的同时，区块链技术异军突起，经历了三个发展阶段后成功为各大行业带来了新的曙光。本章将从源头开始分别介绍大数据和区块链技术，并对两者的应用现状进行详细阐述。

1.1 大数据产业发展的三大基石：云计算、物联网、移动互联网技术

大数据从第一次出现，就和移动互联网紧密地联系在一起，可以这么说，正是因为移动互联网的飞速发展带动了互联网数据的海量增长，从而推动了大数据行业的产生和发展。随着大数据的发展，云计算、物联网也随之出现并成为了大数据产业的坚强后盾。在当今"数据为王"的社会中，大数据产业的三大基石都具有举足轻重的作用。

1.1.1 云计算

云计算是指通过从云端来获取所需要的服务内容，所谓"云端"就是指网络资源。一般来说，"云"中的资源是可以无限扩展的，使用者可以随时按需获取和使用这些资源，也可以随时扩展资源内容，然后按照对资源的使用情况付费。由于云计算的这种特性类似于日常生活中的水电资源服务，因此它也被称作 IT 基础设施。

如果将云计算的概念扩大化，把它扩张到服务领域，那么所有通过网络来满足用户需求并且易扩展的服务都可以称作云计算，这种服务可以是互联网相关的硬件、软件，也可以是存储、下载等其他服务。

云计算的典型应用就是苹果 iCloud。在 iCloud 上，苹果用户不仅可以上传各种资料以节省硬盘空间，还能够同步不同苹果设备中的文件、日程等，如果用户在某一台设备上对云端的资料进行了修改，iCloud 还能够帮助用户同步到其他苹果设备并对旧文件进行备份以备用户需要。iCloud 为用户提供了免费的 5G 云端硬盘空间，如果用户有需求，可以付费扩容并享受更多服务。

从 iCloud 的使用模式可以看出，云计算服务提供了一种分布式架构——多个智能终端共同同步云端资料，而大数据的应用处理必然无法依靠单独的计算机，必须使用分布式架构，因此云计算刚好能够为大数据处理提供便利条件。

从技术上看，大数据和云计算的关系就像一枚硬币的正反两面一样相辅相成、密不可分。依托云计算的分布式架构和云端存储、虚拟化技术，大数据能够充分发挥它对海量数据的挖掘能力。从整体上看，云计算为大数据处理提供了计算资源的底层架构，是上层数据分析处理软件的基础。

那么，云计算为何能够帮助大数据将庞大的数据信息转化成经济效益呢？这里主要包括以下四个方面的原因，如图 1-1 所示。

1. 作为提取大数据的前提

在数据量不断增长的信息社会，获得足够多的数据才是企业从大数据中获

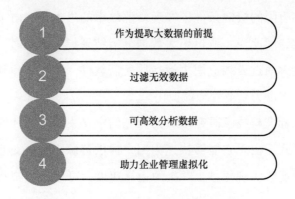

图 1-1　云计算帮助大数据的具体表现

得利益的前提。而想要提取出大数据,来自于各种云端强大的云计算能力必不可少。云端不仅为提取大数据提供了足够的硬盘空间,还能够以较低的成本提取尽量多的数据资源,这一点在大数据产品普遍偏贵的条件下显得尤为重要。

2. 过滤无效数据

在大数据的初次收集中,有接近90%的数据属于无效数据,这是由互联网数据本身的特点决定的。既然无法保证数据全部有效,那么就必须找到一种技术过滤掉无效数据。一般来说需要重点过滤掉的无效数据有两大类,一是大量的临时缓存信息,二是公司防火墙外的网络数据。

由于云计算可以按照需求进行扩展计算和存储资源,所以经过一定的设计后云计算就可用来过滤这些无效数据,常见的公有云就是用于过滤来自公司防火墙外部的无效网络数据的最佳工具。

3. 可高效分析数据

云计算能够为大数据计算提供分布式软件处理方式,用以高效快速地进行数据分析。如果将公有云和私有云结合,就可以在数据分析完成后利用私有云将数据分析结果导入公司内部,方便公司进行下一步的运营决策。

4. 助力企业管理虚拟化

随着市场更新的速度也来越快,企业管理模式也追求突破有形界限的虚拟化管理，希望在有限的资源条件下实现资源效率的最大化。由于云计算就是硬件资源的虚拟化，因此当企业运用大数据分析结果指导决策时，如果加上云平台的使用，就能够通过云端应用决策指导所需软件，将决策顺利转化到企业现有的管理系统中，助力企业管理虚拟化。

从美国国家标准与技术研究院对云计算的定义来看，云计算是一种按使用量付费的服务模式。由于它能够快速为用户提供资源，减少交互所需步骤和时间，用于计算时能够实现每秒 10^{14} 次的运算速度，可用来模拟核爆炸、预测市场等。

从用途上看，云计算的应用潜力和大数据不谋而合，云计算与大数据如同手心手背的关系，二者相辅相成。云计算的存在，为大数据技术挖掘数据背后的价值提供了平台。

简单来说，大数据拥有三层架构体系，包括数据存储体系、数据处理体系和数据分析体系。数据存储体系是大数据收集并存储数据资源的支撑；数据处理体系包括无效数据的过滤和基础建模等工作；数据分析体系则会根据具体情况做出结论预测，产生相应价值。

云计算能够从存储到处理再到分析给大数据技术提供全面的技术支持，云计算的并行计算和分布式计算能力都在大数据体系中具有不可或缺的重要作用。除了技术层面，云计算还能够利用其分布式架构的特点，极大地降低企业在挖掘数据背后价值时的成本投入。

云计算通过自身和大数据的重合特点以及强大的运算能力为大数据技术提供了发展的平台。虽然云计算概念比大数据概念提出得早，但正是大数据的出现让云计算的优势有了发挥的空间。与此同时，云计算和大数据结合也为大数据提供了牢固的基石，让大数据能够在技术上充分发挥数据的价值。

1.1.2 物联网

物联网概念由麻省理工学院的 Kevin Ashton 于 1999 年第一次提出，他认为，物联网是通过射频识别（RFID）技术和传感器技术结合运用于日常生活中形成的网络。

在2005年国际电信联盟报告中,物联网概念有了拓展:"物联网是通过RFID和智能计算等技术实现全世界设备互联的网络。"之后,IBM在2008年将此概念更进一步地拓展到了全部事物,形成了现在广义上的物联网概念:"把传感器设备安装到各种物体中,并且普遍链接形成网络,即'物联网',进而在此基础上形成'智慧地球'。"由此看来,物联网概念的提出很早,但其统一意义上的概念的形成是在互联网的发展已经成熟的基础上的。

物联网(Internet of Things,IoT)即万物相联形成的网络。在物联网的概念下,能够帮助人们利用已有的互联网技术将其与实际生活中的物品充分融合,实现远距离控制和高效操作,进而发现身边事物的另一面,走进新世界。

经过几年的实际应用,物联网的优势已经得到了充分体现。

(1)从经济价值角度,物联网帮助在现有的网络设施上实现多功能融合产物的实际应用,通过保留原有设施而不增加新设备的方式,使得成本大幅减少。

(2)从知识融合度来说,物联网的概念发展于"互联网"和"物品"两个已有知识的互相交融,便于大家接纳和理解,这是一些新概念难以做到的。

(3)从信息交换来说,由于物联网是建立在互联网技术上的,通过物联网实现信息交互和访问时不会造成额外的损耗,也不需要建立新技术以适应物联网。

(4)从应用价值来说,物联网的特点能够使它应用于工业生产流水线作业上,在监测反馈把控、物流跟踪、零售业等领域能够及时反馈信息,减少损失。

"万物互联"的物联网时代不仅解决了人们在日常生活中遇到的平常但重要的问题,更重要的是它为大数据技术提供了一个良好的技术平台,能够实现所有产业的数据化目标并产生更多的价值。物联网时代的到来使大数据有了用武之地,是大数据时代的重要基石之一。

物联网的基石作用主要体现在为大数据提供并收集大量数据上。在物联网中,设备被改造成和传感器等设备相联的数字设备,每一个设备都能够成为收集并产生数据的节点,而这些数据量将是100GB甚至10TB的数量级。与以往不同的是,创造数据的主角由人变成了随处可见的物联设备。这一巨大的改变,意味着大数据进入了一个全新的时代。

企业通过物联网可以收集到比以往任何时候都多的数据，这些数据能够为企业管理者提供新的管理思路和分析策略，以适应新时代下的竞争。

物联网为大数据提供了各种通过智能设备产生的数据，例如电表、医疗记录、地铁检票记录等。在以往，这些数据虽然产生了，但是并没有被充分利用。在物联网时代来临后，这些数据就有了新的利用思路，可以爆发出更大的力量。常见的利用物联网思维带来的大数据利用场景，如图1-2所示。

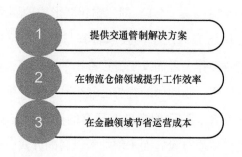

图1-2　物联网下的大数据的利用场景

1. 提供交通管制解决方案

交通管理设备（如地铁检票设备、公交刷卡设备等）能够接入物联网中提供即时、真实的交通相关数据。收集这些数据能够帮助大数据分析工具提供最实时的路况信息源，通过对这些公交、地铁的人流量分析，大数据软件能够得到最真实的交通信息，便于提供最佳的交通调节方案。如果在其中引入智能手机的数据信息，就能够进一步扩大物联网的交通信息和路况数据，也能够让大数据的分析结果面向所有普通人，让更多人避免糟糕的出行体验。

2. 在物流仓储领域提升工作效率

在过去，物流仓储领域的效率高低极度依赖人们的经验，对物流速度的预判和工作人员的操作熟练程度都能够极大地影响工作效率。因此物流行业对此的解决方案也大多是从这两方面出发，提升货物的摆放、调取和流通效率。但由于各种客观因素,这些解决方案收效甚微。

当物联网支持下的大数据技术进入物流行业之后,商品物流情况、中转站货架情况和配送地情况就能够通过物联设备实现实时更新,全面且海量的数据能够帮助大数据不断优化工作模板,实现货车的最优匹配,也能实现货架的高效利用。在以物联网为基础的大数据参与指导的新型物流仓库体系中,货物摆放工作时间能够缩短8%,货车利用效率也有了明显提升,物流仓储业务的工作效率得到了极大的提升。

3. 在金融领域节省运营成本

在金融领域,通过将物联网与大数据的有机结合能够实时分析出各个分支机构的运营成绩,为金融机构节省巨大的运营成本。

以金融机构存取款机的监控为例,通过物联网技术,每一个存取款机的使用数据都能够通过该终端产生并收集起来,再通过大数据软件对其使用状况进行监测与分析,就能够分析出给各个存取款机中补充现金的最佳时刻,既能避免人流量较大地区的存取款机现金不足的情况,也能避免人流量较少地区出现存取款机现金充足甚至过多但一直无人取款的低效现象的出现,从而给出运钞车的最佳配送方案,大大降低运营成本。

在"万物相联"的思想下,现实社会中的所有现象与行为都可以转变为数据,通过数据的形式被获取。由于物联网收集的数据是传统网络社交数据的补充,是以在各种设备上产生的数据为基础的,它能够发现除了人类活动数据以外的海量数据,大大丰富了大数据的内涵。因此,物联网为大数据的全面发展提供了更为全面的支持,是其重要基石之一。

1.1.3 移动互联网技术

习近平曾在贵州视察了当地大数据产业发展情况后表示:"贵州发展大数据确实有道理",加上"互联网+"早已经写入政府工作报告中,显而易见,"互联网+"与大数据产业发展都已经上升到国家战略,是社会未来的发展方向。

"互联网+"的典型代表就是移动互联网。移动互联网是指移动通信和互联网技术相结合,囊括了从技术到商业应用各个方面的实践活动。随着移动智能设备的快速发展和4G时代的来临,移动互联网的发展也加快了步伐。移动互联网的快速发展,带来了各种应用数据的井喷式增长,给大数据产业的发展创造了便利条件。

在移动互联网技术中,个性化、精准化成为了行业的重要要求,而这正是大数据所擅长的。移动互联网为大数据提供众多数据资源,大数据分析数据反哺移动互联网创造出更多精细化应用,两者相辅相成。从大数据产业的角度来看,移动互联网提供了充分的原始资源和广阔的应用场景,是大数据产业发展的重要基石。在移动互联网下运用大数据技术有以下几个明显的优势,如图1-3所示。

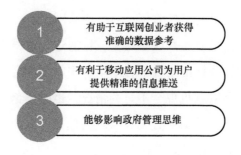

图1-3　移动互联网下运用大数据的优势

1. 有助于互联网创业者获得准确的数据参考

在移动智能手机获得了广泛的应用后,各类移动APP也层出不穷,许多互联网公司的成功都是由一款火爆的APP开始的,那么考量移动互联网中现有各类APP的转化、留存和用户活跃程度对于创业者来说就是非常重要的。而由于APP的数量数以万计,而且每分每秒都有新的APP在不断产生,在分析行业现状时,大数据的应用就显得十分必要。

腾讯旗下的应用分发平台应用宝就是将移动应用和大数据分析结合为一体的APP。从大数据应用来说,应用宝是依托于整个腾讯公司的用户数据的,掌握了接近80%的互联网用户数据,能够准确刻画出互联网用户画像,推测用户对应用的需求和评价。通过这些数据，应用宝每隔一段时间都会发布出移动应用的排行榜，给创业者提供了准确的行业数据参考。

2. 有利于移动应用公司为用户提供精准的信息推送

移动应用开发者总是希望自己的消息推送能够不断吸引用户点击软件，以此获得收益。因此互联网服务的一个重要领域就是通过深度挖掘用户行为数据，协助开发者完善产品评估，实现更精准的用户推送消息设定，并进一步实现更多运营决策。

在移动应用的各种数据中，有一类数据是与用户息息相关却又经常被忽略了的，这类数据就是位置信息。在移动互联时代，绝大多数的移动应用都与定位服务有关。高德地图作为中国技术领先的地图 LBS 服务提供商，提供了基于位置数据的大数据分析服务。

高德地图开放平台的数据服务能够基于位置信息预测用户所处的场景，为软件开发商提供符合用户需要的推送消息。高德地图的大数据服务既基于地图应用收集数据，也利用数据辅助移动应用实现精准推送。

3. 能够影响政府管理思维

移动互联网下的大数据应用能够协助国家管理层利用互联网思维做出与时俱进的管理决策。新闻类 APP "国务院"是一款公众和政府交流互动的移动应用，一经上线就刷爆了朋友圈以及各大应用平台。

"国务院"的火爆证明了新一代的人民群众并不是不关心国家大事，而是更喜欢通过移动设备获取信息。通过"国务院"，国家管理人员能够更加直接地获取群众的反馈数据，有利于带动国家体制不断完善。

"国务院"的出现说明移动互联网给经济、政治乃至国家层面都带来了重要的影响，加上大数据技术分析群众数据，移动互联网下的大数据能够为政府带来更加符合时代潮流的管理思维。

移动互联网大数据时代的来临是必然的，而且会涉及各行各业。众多移动软件依托移动互联网技术给大数据带来了更多的数据资源，也极大地丰富了大数据的类型；同时大数据也为移动软件提供了更加个性化以及精准化的服务。

经过多年经营，大型企业已经积累了非常多的内部数据，以前的公司运营就是依靠这些已知的内部数据挖掘对公司最有效的信息。而随着云计算、物联网和移动互联网技术的快速发展，数据的量和种类都有了明显的提升。

如果把以前的公司内部数据比作矿山，那么这些新式公开的互联网数据就是"沙海"——提供了含金的资源但需要用与挖矿不同的角度去开发利用。云计算、物联网、移动互联网这三大技术的发展，扩展了大数据的范围，促进了大数据产业真正的发展。怎样在新的角度去思考数据、处理数据，都是企业所需要面对的新挑战和新机遇。

1.2 大数据发展面临五大困境

大数据作为一项新型技术，虽然给各行业带来了新的发展和突破，但也因为技术的不完善面临发展的困境。目前普遍认为大数据产业的困境有以下五个方面：优质可用数据少、信息壁垒严重、数据处理有困境、实践应用障碍多、云管理失误多。本节将从这五个方面出发，详细阐述大数据行业的困境，以求尽量全面地描述大数据产业的现状。

1.2.1 优质可用数据少

随着大数据行业的兴起，数据价值得到了充分的肯定，"数据变现"也成为许多拥有大量数据资源的企业的新产业，比较成功的"数据变现"商业模式有利用数据支撑生活服务（如健康、教育等），也有利用数据分析指导营销策略的方式。许多企业看到了数据的价值，就积攒了许多数据在手里，但是企业搜集的数据是否真的优质、是否能够发挥作用，并没有得到验证。

大数据产业的核心价值在于做出趋势预测，以网络营销为例（这也是大数据行业获得最多应用的领域之一），数据驱动带来了更精准的效果，这需要建立在优质数据的基础上。但是由于数据采集过程不完善，企业获得的数据往往是不够优质的，这样就带来了数据清洗的问题。每次在进行数据分析之前，数据科学家都要花费大量的时间在数据清洗上，既造成了人力资源的浪费，又使得最后可用的数据不够多。

要想充分理解大数据产业在数据质量上的窘境，就要先介绍一下数据的质量评定有些什么样的标准，优质数据又有着什么样的特征。数据质量指数据能够反映实际情况的程度高低，一般通过以下五个方面进行衡量和评价，如图1-4所示。

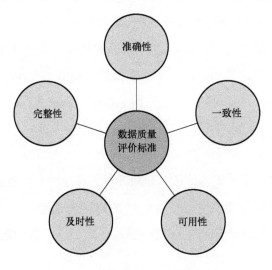

图1-4　数据质量评价标准

1. 准确性

准确性是指数据在系统中的值与真实值相比的符合情况，常见的数据准确性问题有数据的值与实际值不同（数据来源出现问题）、与业务规范出现冲突（行业规范不完善或执行不力导致）等问题。当数据的准确性出现问题时，数据最基本的要求就已经达不到了，自然是劣质的数据。

2. 完整性

数据的完整性是指数据的完备程度，是否囊括了所需的所有方面的数据信息。常见数据完整性问题包括系统未设定提取字段导致的相关数据的缺失和采集过程不全面导致的数据不完整等问题。当发生了数据完整性问题时，数据对实际情况的描述就不够全面，那么根据这些数据建立的数据模型就容易发生以偏概全的问题。

3. 一致性

一致性是指大数据软件系统内外部数据源之间的数据一致程度问题，包括数据形式是否一致、数据格式是否统一等。数据一致性在数据联动的过程中非常重要，如果系统间应该相同的数据却不一致，就容易造成系统的报错和停止运行。

由于大数据数量庞大，且数据间的联动是大数据产业中常见的互动，数据的一致性具有非常重要的作用。但因为大数据产业尚且缺乏统一的数据规范，不同企业间对数据的具体要求都不同，这给大数据产业带来了相当大的处理困境。

4. 及时性

及时性是指数据在采集、传送、处理等环节对应用的快速支持能力的描述，考察的是数据的时间性能。优质的数据能够实现在规定时间内完成系统所需数据的更新要求，而质量不够高的数据不能满足这一点，会给数据的后续处理带来不良影响。

5. 可用性

可用性是用来衡量数据项整合和应用的可用程度的指标，常见可用性问题包括数据缺乏可应用功能（数据不具备可加工性，不能建立数据模型）、缺乏可整合性（数据过于分散，没有内在联系）等。不具有可用性的数据对企业来说不仅没有好处，反而会因为降低数据的价值密度，给企业带来损失，因此可用性是衡量数据质量的重要因素。

在现在的大数据行业中，由于缺乏统一的大数据规范，数据的量虽然多，但是数据的质量却不高，仅仅收集了数据，并不意味着就能够得到战略上的应用指导。数据的质量直接影响了大数据预测结果的可靠性，优质数据的获取对大数据的发展至关重要。许多具有前瞻性的企业已经意识到了这一点，开始积极地进行大数据质量管理工作。但由于大数据已经深入到了各个行业，要想统一数量管理标准并非易事，所以大数据的优化还有很长的路要走。

大数据时代带来了海量多样的数据，使对市场进行广泛且深入的分析成为可能，但这必须有优质数据作为支撑。优质的数据可以为大数据应用提供更高的上限，而低质量的数据则必然拉低数据产业的下限，由此可见，数据质量是大数据行业的重要标杆。而尴尬的是，由于大数据产业的兴起过快，业内并没有统一规范的数据衡量标准，因此造成了优质可用数据少的现状，为大数据产业带来了困境。

1.2.2 信息壁垒严重

大数据产业的一大特征就是数据的关联性强，著名的"谷歌预测流感"事件就是大数据关联应用的成功案例。随着大数据产业的成熟，数据的关联场景也越来越多，例如支付宝的支付数据和用户的公交卡使用数据相联合，就能够为企业刻画出完整的用户日常出行路线和门店消费喜好。单独的数据通过中间元素的串联，能够产生"1+1>2"的效果，数据的价值也呈指数型增长。

关联的数据越多，数据联合产生的"滚雪球"的效果越明显。这也从另一方面证明了数据必须要经过流通互动才能产生更大的价值。但是真正开始实施数据关联时，就会发现实际操作并没有想象得那么简单，大数据产业中的信息壁垒仍十分严重，主要的具体因素有以下三点，如图1-5所示。

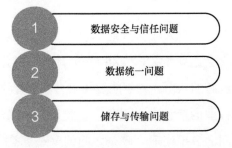

图1-5 大数据产业信息壁垒的具体因素

1. 数据安全与信任问题

数据资源分散在不同的企业组织中,想要让不同行业的数据发生关联,必然需要将数据交付到另一方企业,或者双方将数据交付至一个共同的第三方平台以交易的形式发生数据交换,这也是大数据产业目前最常见的商业模式即大数据交易中心。

由于数据的特殊性,大数据交易平台能否保证数据不被泄露成为了阻碍大数据交易的首要问题。数据的安全和信任问题成为大数据产业出现信息壁垒的重要因素。

2. 数据统一问题

单纯从数据关联的技术手段来看,数据关联也存在着许多问题,比如不同公司对同一类型数据的分类标准不同、使用单位不同,这都给数据的融合统一带来了很大的困难。而数据不能统一,就不能够直接被利用,这也给大数据造成了信息壁垒。

3. 存储与传输问题

目前大数据的数据库为了适应不同的要求,有着不同的架构设计,这也就导致了在发生数据传输时会有着不同的传输方式。而想要发生数据的联合,必须要创造出能够适应不同数据源的架构,这显然是一个非常困难的问题。不能够用统一的方式解决数据存储和传输问题也给打破数据的信息壁垒带来了不小的困难。

国际数据公司(IDC)对大数据行业的统计及预测显示,预计到 2020 年,全球大数据总存储量将会达到 44ZB(1ZB 约等于 10^{12} GB)。这么多的数据因为壁垒的存在,都处于沉睡的状态,并不能发挥出它们应有的能力。

针对我国大数据行业的信息壁垒现象,中关村大数据产业联盟秘书长赵国栋表示,相比于行业间的数据流通,政企之间的壁垒更是一块沉睡数据的"集聚地"。目前一些上市数据如股权占比、科研数据都是价值密度比较高的沉睡数据。

目前，数据壁垒普遍存在于政企之间、企业和企业之间，其中，有80%以上的信息数据资源掌握在各级政府部门手里，而不同区域的部门间基本实现信息共享的省级地区仅占13%。由此可见，我国政府部门的信息共享和业务协同能力在地市和区县进展缓慢。

在政企之间这种壁垒显得更加明显，从中国信息通信研究院对国内800多家企业的大数据使用调研结果来看，企业所使用的大数据的主要来源仍是其公司内部数据，有32%的企业数据来源是外部购买数据，而使用了政府开放数据的企业只有18%。

而数据开放的优势是可以预见的，上海至信普林科技有限公司总经理顾敏洁曾对数据开放持有非常乐观的态度，"如果更多数据可以开放，将会对产业转型、政务和公共服务效率提升等大有裨益。比如中国人民银行上海总部自2006年起公开金融信息后，催生了一批金融信息咨询服务公司，其中还有5家上市公司，拉动的就业人数也非常可观。"

数据开放的优势如此显著，但是由于信息壁垒的因素，现有大数据行业还远不能达到成熟的共享开放，甚至已经开放的数据也是"开放的孤岛"，比如一些机构以"数据共享"的名义公布的类似停车位数量、非标准化的图表等形式的数据，这些数据由于不可机读，不具备真正整合数据的价值，属于"伪开放"。

全国信息安全标准化技术委员会大数据标准工作组成员张群对数据整合开放的意见是"不同行业数据整合必然需要标准化的数据格式，比如从卫生、人口的角度用数据对'人'进行的描述就是不一样的。"

因此真正属于开放性质的数据在技术上应该是具有标准形式的，可以直接被计算机抓取、调用。针对目前大数据行业的现状，在技术上实现对数据的整合开放显然还有一段距离。

另外，要想顺利打破数据间的信息壁垒，还要推进大数据行业的法律法规机制，并且应结合应用场景有目的地实现开放，而非为了开放而开放。中关村大数据产业联盟副秘书长陈新河说："政企间或者政府牵头整合数据仍应围绕应用场景、项目工程来，否则目前'唤醒'的数据早晚也会重新'落满灰尘'。"

无论从技术上看，还是从法律上看，大数据行业的信息壁垒都是一个十分严峻的事实，阻碍着大数据行业进一步发展。如果没有较好的解决办法，大数据行业的未来将十分危险。

1.2.3 数据处理有困境

前两小节提到的问题都属于数据来源的问题，而大数据除了数据来源存在困境，其数据处理过程在现在也存在困境，主要可以从企业和技术两个大方面进行讨论。

在企业方面，数据处理的概念更加倾向于是对数据进行控制。企业需要控制对数据的访问权，也需要知道数据的来源和去向、数据的动态情况、数据是否已被修改、数据的处理方式及相关决策等，因此企业对大数据的掌控能力就显得十分重要。在企业应用方面，大数据的处理困境主要有以下三个具体表现，如图1-6所示。

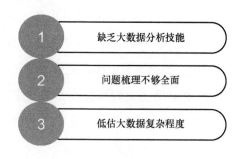

图1-6 大数据处理困境在企业方面的表现

1. 缺乏大数据分析技能

一家零售公司的首席执行官曾让CIO构建一个客户推荐引擎，希望实现对用户的个性化推荐。但是由于数据分析技能的缺乏，该项目并不能按照预期的计划那样在半年内完成，因此，团队成员提出了做一个"假的推荐引擎"：默认所有人都会买床单，给不论买了什么的用户都推荐床单用品。

尽管不能否认这款引擎确实带动了企业的销售额，但是实际上它并未实现真正意义上的大数据处理下的个性化推荐，而这正是由于其对大数据分析技能的缺失导致的。

2. 问题梳理不够全面

对问题的考虑不够全面也是企业在进行大数据处理应用上常犯的错误，许多公司考虑了大数据应用场景的各个方面，却忘记考虑意外发生时的处理办法。例如曾有一家跨国公司的大数据团队经过研究发现了很多值得应用的成果，并且计划通过云平台把这些成果让全公司共享。结果由于团队没有考虑网络堵塞的问题，全球各个分部无法顺畅提交数据进行数据分析，实际应用受限。

因为网络基础设施的故障导致大数据项目失败的案例不胜枚举，这给企业在进行大数据分析应用时带来了不小的挑战。

3. 低估大数据复杂程度

还有的企业希望能够通过大数据分析建立一个完美的模型能够统一解决所有问题，实际上这是大大低估了大数据复杂程度的做法。

在美国曾有几个互联网金融公司专门做中小企业贷款的金融业务，由于中小企业贷款涉及的数据更复杂，且行业数据在金融业都是比较特殊的类别，根据不同的情况，合同的类型和报表标准都不同，这给互联网公司的工作人员带来了很多专业上的问题。

大数据团队希望利用大数据分析建立一个全能的数据模型解决所有问题，但由于数据的复杂程度过高，大数据团队不仅没能成功建立预想的数据模型，反而花了大量的时间去清理所收集到的数据。其他类似的例子还有许多，都反映了企业因低估大数据的复杂程度带来的数据处理难题。

除了在企业方面的数据处理困境，大数据在技术上也遇到了瓶颈。目前大数据的处理平台以 Hadoop 为主，但由于其体系缺乏多租户支持、多用户数据安全性能不够高、数据兼容困难等原因，很难成为公共云服务。因此实现大数据处理平台的更新也成为了大数据处理的重要问题。

无论是从企业在大数据的分析应用方面，还是从大数据行业的技术突破方面来看，大数据在数据处理上都确实遇到了不小的困境，需要新的思维方式和技术手段帮助创新。

1.2.4 实践应用障碍多

大数据行业发展至今，虽然给众多行业带来了从内至外的改变，但在实践运用上，理论技术和商业实践之间依然存在巨大的鸿沟。在实践应用方面，主要有以下几个难点，如图 1-7 所示。

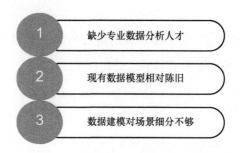

图 1-7 大数据在实践应用上的难点

1. 缺少专业数据分析人才

职业社交平台领英发布的《2016 年中国互联网最热职位人才报告》显示，中国互联网职业中数据分析人才最为稀缺，其供给指数仅为 0.05，属于高度稀缺类别。

根据上海 CPDA 授权中心市场运营总监 Sherry 的分析，在数据化已经成为趋势的市场中，数据分析将成为未来所有互联网员工最基本的职业技能，针对大数据分析的人才需求必会越来越大。没有足够的人才，大数据行业也就不能得到充分发展。

2. 现有数据模型相对陈旧

在大数据行业中，有许多成熟的数据模型得到了实际的应用，但这些模型由于是很久以前发布的，在技术上有许多不再适用的地方。

例如有些金融机构所用 FICO 评分模型是 20 世纪 80 年代提出的，是一种基于逻辑回归算法构建的评分体系。因为逻辑回归算法只适用于处理线性数据，因此在面对实际场景中的非线性数据时，FICO 评分模型不够准确。

在互联网技术日益成熟的今天，大数据模型如果仍旧沿用陈旧的体系必然会在实践应用中受到阻碍，这也是大数据在实现应用落地时遇到的难点之一。

3. 数据建模对场景细分不够

由于大数据行业技术手段存在瓶颈，在大数据建模上只能模拟出一些较大的分类情况，如果运用在实际应用中，就会出现模型功能不够细化的问题。

曾有一家汽车制造商决定通过开展一个情感分析项目，将得到的结果运用在指导销售模式上。情感分析调查项目进行了 6 个月，前后总共花费了 1,000 万美元。项目结束之后，公司对调查结果进行了分析并分享给了经销商。然而在实践中，数据分析得出的营销模式却被证明是错误的。

项目失败的原因在于数据团队对经销商所面临的具体场景不够了解，对数据进行建模时场景设定得不够细致，从而导致实践应用中数据模型毫无价值。

北京宸信征信有限公司董事长张为斌在接受采访时表示，数据建模时"不仅仅需要引入自然科学建模，还需要引入基于社会科学的、人文历史的思考，把这些维度引入算法中"。有些数据公司没有考虑实际应用场景，直接套用国外的大数据模型，往往会出现功能无法满足具体场景的情况，这对现有的大数据应用提出了非常大的挑战。

1.2.5 云管理失误多

云管理（Cloud Management）是借助云计算技术和其他相关技术（如移动互

联网等），在云计算平台上建立集中式管理系统，通过严密的权限管理和安全技术手段实现数据和信息的管理。随着企业数字化管理的推进，云管理也渐渐成为各大公司的新式管理手段。

但云管理在为企业带来便利的同时，也因为自身技术的颠覆性思维给企业带来了许多挑战。首先管理和跟踪多个云环境是相当繁重的任务，尤其是为了适应日益增加的数据和处理能力需求，企业的云计算平台有着越来越高的性能要求；其次对于企业而言，混合云的多云统一管理技术、计量计费方式和对运行环境的稳定性要求等都对企业的技术人员提出了新的挑战。

在面临挑战的同时，云管理的失误案例也给企业在应用大数据时带来了一些阴影。微软 Azuer 的存储服务曾在半年内由于软件更新性能出现了两次大规模断电事故；微软 Office 365 在一年的时间内持续出现用户邮件服务脱机的事件；美国医改健康网站 HealthCare. gov 因为设计不良多次崩溃……

这些大规模的云管理失败案例出现的频率之高、带来的损失之大，都给大数据行业带来了进一步发展的阻力。原本云计算的出现是大数据发展的重要助力，但云管理的失误却反过来阻碍了大数据发展。

大数据建立在云计算的基础上，通过云管理的手段进一步实现大数据的管理应用是必然的，但现实中屡屡发生的云管理失误案例让大数据行业在企业管理方面受到了质疑，如果没有新的技术手段来帮助大数据技术突破，大数据的发展将一直停留在现有的困境中。

1.3 区块链发展的三个阶段：1.0—2.0—3.0

在大数据行业遇到瓶颈的同时，区块链技术以颠覆性的思维方式迅速获得了大众的关注并为大数据提供了突破瓶颈的解决方案。区块链从概念提出至今，一共经历了三个主要阶段，分别是以"货币"为代表的区块链 1.0、以"合约"为代表的区块链 2.0 和现在具有新应用潜力的区块链 3.0。

1.3.1 区块链1.0：货币

如果一提到区块链，人们最先想到的概念肯定是比特币。实际上，比特币是区块链1.0应用最典型的代表，区块链1.0是比特币的底层支持技术。区块链技术实际上是作为针对中心化问题带来的一系列短板的解决方案而出现的，通过实现了以比特币为代表的可编程货币而引发众人关注。

在区块链技术出现以前，金融行业一直被两大问题所困扰：双花问题和拜占庭将军问题。

其中双花问题是指由于数字资产的可复制性带来的难以验证某笔资产是否已经被花掉的问题；拜占庭将军问题则是以战场做比较，类似于将军间彼此不信任但是需要某种沟通机制来保证合作的场景。

针对双花问题，现在的解决方案是依托可信赖的第三方机构如支付宝等进行资产交易记录，但是这种方式不能解决拜占庭将军问题，甚至因为第三方机构的不透明性带来了更多的信任问题。

区块链的基本思想是创造一个公共式账本，账本上的每一笔交易都由区块链网络上各个节点查看和验证，无须额外的一个中心化的机构进行监督管理，这样就使得交易透明化，解决了双花问题，也解决了拜占庭将军问题。具体来讲，区块链的优势有以下四点，如图1-8所示。

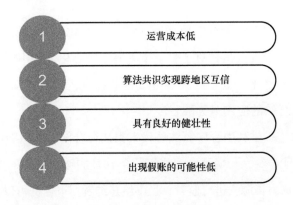

图1-8 区块链的优势

1. 运营成本低

区块链体系由整个网络共同维护,不需要专门的人力物力去维持其运转,运营成本比其他的数据库要低。

2. 算法共识实现跨地区互信

区块链以数学算法为背书,信任的产生不受参与者文化背景的干扰,能够让不同的人群获得基于算法的共识,实现跨地区互信。

3. 具有良好的健壮性

由于分布式账本的特点,区块链系统中任一节点都具有所有交易信息的备份信息,即使某一节点损坏或者失去,都会不影响整个系统的运作,区块链因此具有良好的健壮性。

4. 出现假账的可能性低

因为区块链是全网公开透明的,所有节点共同监督验证每一笔交易的进行和记录,降低了假账出现的可能性。

1.3.2　区块链2.0:合约

与解决了货币和支付手段中信任问题的去中心化的区块链1.0相比,区块链2.0的改革更加宏观,是针对了整个市场的去中心化。利用区块链2.0,可以实现多种资产的数字化。基于区块链可编程的特点,区块链2.0实现了可编程金融,其中智能合约的应用最为瞩目。

智能合约的核心是利用程序算法替代人类执行合同,"一切皆代码"。通过建立无法更改的智能合约,一切可自动执行的条款都能够在代码的更迭下实现,不需要额外的人力物力资源去进行监管,且不给违约者留下任何可以违约的机会。

在智能合约体系中包含了三个基本要素:要约、承诺和价值交换。智能合约的出现，重新定义了区块链的应用形式，将区块链的应用形式从基本的货币体系成功延伸到金融行业的其他应用领域。通过区块链的去中心化账本功能，智能合约能够帮助实现各种资产在区块链上的注册、存储和交易，股权众筹、证券交易等领域因为智能合约的出现逐渐有了区块链的应用落地。

如果说比特币是区块链1.0的代表产物，给金融业带来了一种全新的金融货币体系，那么，完成了智能合约的以太坊就是区块链2.0的核心代表。以太坊构建的区块链依靠其可追溯、不可篡改等特性形成了全网共识的信任基础，为智能合约提供了可执行的环境，实现了合约的自动化、智能化目标。

除了基本的自动执行合约条款功能外，智能合约技术还有以下应用场景，如图1-9所示。

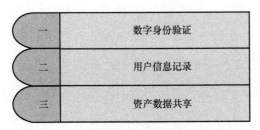

图1-9　智能合约技术应用场景

1. 数字身份验证

为了保障资产安全，金融机构一直十分重视用户身份认证工作。传统的验证方式是让顾客来企业亲面亲签，这种认证方式不仅给用户带去许多麻烦，也让中介机构投入大量资源。

基于智能合约技术，就可以有效弱化第三方中心机构在数据监控和用户身份验证中的作用，而且可以避免人为因素带来的操作风险，通过代码的自动执行使检查变得简单高效。

2. 用户信息记录

借助区块链技术的分布式账本和加密技术，用户的数据可以形成一条透明、可监管、可溯源、防篡改且私密的信用链条。智能合约因此能够帮助监管方实现数据监管，保障数据授权使用的合法性，降低风险。

3. 资产数据共享

智能合约还可以促进资产数据的共享。在用户同意的前提下，平台的用户数据可以尽可能透明公开，投资人就可以通过这些数据判断出投资的风险和收益到底如何，降低了发生金融欺诈事件的概率。

区块链2.0以智能合约技术为主要特点，给整个金融行业带来了新的应用场景，加快了区块链技术的应用落地。

1.3.3 区块链3.0：新应用

Token的出现是区块链进入3.0时代的标志。Token是指区块链网络上的价值载体，作用和现实世界中的代币或者通行证类似。不同于简单的数字货币，Token的出现能够对现有社会关系产生重大影响甚至带来颠覆性的变革。

Token是对每个实际参与者贡献的奖励，也就是说区块链3.0时代下的每一个区块链成员都将成为生产资本的拥有者。这种新型的生产关系激励着所有的互联网用户积极地贡献自己的生产力，是对生产力的一次极大解放。

在前两个阶段的基础上，大大解放了生产力的区块链3.0能够拓展出更多新的典型应用，如图1-10所示。

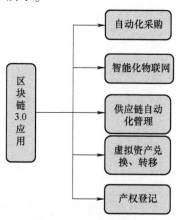

图1-10 区块链3.0应用

1. 自动化采购

区块链能够实现货物的自动化采购。在智能合约等的支持下，只要用户提前写好了合约内容并充值成功，区块链就能够自动实现获取的购买请求，节省了大量人力物力成本，且不易出错。

2. 智能化物联网

区块链能够通过分布式账本应用到分布式的物联网建设中。通过区块链的方案，可以在物联网中建立信用机制，监控、管理各个智能设备，同时利用智能合约技术来规范智能设备的行为。

3. 供应链自动化管理

采用区块链的方案，每个商品从出处到物流到签收的全部供应链信息都会有区块链的详细记录。区块链提供了一个共享的全局账本，一旦出现任何变化，都能够追踪溯源到最初的因素。

4. 虚拟资产兑换、转移

利用区块链技术可以实现虚拟资产公开、公正的转移，这些虚拟资产包括游戏币、游戏装备等，它们在现实世界中无实体，但仍具有较高的经济价值。传统的资产交易方式在虚拟资产的兑换和转移方面有诸多不便，利用区块链技术则可以轻松实现。

5. 产权登记

采用区块链技术来登记产权，包括动产、不动产和虚拟的数字资产等，都能够保障公正、防伪、不可篡改以及可审计等产权常见要求，实现资产明确化。

由这些设想可以看出，在区块链2.0的基础上，区块链3.0的应用方向更加倾向应用逻辑及商业逻辑层面，区块链3.0将注定给社会带去更多实际的新变革。

1.4 区块链技术的七大行业应用

因为区块链带来了一种"颠覆式的创新思维",从思想上为人类的社会活动开辟了新的方向,所以区块链将能够给人类生活的各个方面带来变革。根据各行各业的领军人物对区块链技术的看法,大致上总结出了以下 7 个区块链技术能够大有所为的行业:金融、医疗、物联网、知识产权管理、智慧能源以及供应链。

1.4.1 区块链在金融行业的五大应用场景

区块链在金融行业的应用场景十分广阔,在图 1-11 中列举了五类具体的场景。

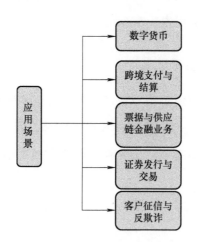

图 1-11 区块链在金融行业的应用场景举例

1. 数字货币

区块链在数字货币场景中的应用可以帮助提高数字货币的发行和使用的便

利性。以比特币为代表的基于区块链技术的数字货币正在改变着人们对货币的观念。由于数字货币以区块链技术做支撑，具有安全、便利、交易成本低等特点，尤其适用于电子金融和电子商务行业对货币的要求。

以比特币为代表的数字货币已经在各个国家获得了一定程度的承认，有一些国家已经开始推行国家版数字货币，例如厄瓜多尔就率先推出了国家版数字货币。厄瓜多尔实行国家版数字货币，不仅降低了政府的货币发行成本、增加了货币使用的便利性，还便于没有银行等金融服务机构的偏远地区民众能通过区块链上的数字化平台获得金融服务。

2. 跨境支付与结算

区块链技术能够帮助实现点到点交易，减少中间费用，在跨境支付与结算中具有极大的应用前景。当前的跨境支付结算业务都有着时间长、费用高的特点，这跟跨境交易必须通过多重中间环节有关。

如果在跨境交易业务中应用区块链，将可摒弃各种中转银行进行的中间转换，直接实现点到点的快速高效且成本低廉的跨境支付。不仅如此，区块链安全、透明、低风险的特性还给跨境交易带来了更高的安全性。

根据麦肯锡的测算，区块链技术支持下的 B2B 跨境支付与结算业务能够把交易成本从每笔 26 美元降低到每笔 15 美元，也就是说降低了 42% 以上的交易成本。

已经有公司尝试性地搭建了通过区块链技术实现跨境支付的平台，例如 Circle 公司。Circle 利用区块链技术实现 C2C 的跨境即时转账业务，已经获得了由英国政府颁发的首张电子货币牌照。

Circle 获得英国政府的认证说明区块链在跨境支付与结算上确实有巨大的应用潜力，现有的金融交易体系极有可能被高效率低成本的新型技术手段颠覆。

3. 票据与供应链金融业务

在现在的票据和供应链金融业务中，由于各个环节都需要人为参与，不仅人工成本较高，而且带来了巨大的操作风险。

如果在行业中应用区块链技术，就能大量减少人工参与的情景，一方面实现了降低人工成本的目标，另一方面也带来了操作过程的透明化，减少了违规交易和人工操作失误。

根据麦肯锡的推算，如果在全球范围内的金融业务中推广实现区块链技术，能够帮助银行和贸易融资企业大幅降低成本，比如银行的运营成本一年就可降低135亿~150亿美元，风险成本可缩减11亿~16亿美元。不仅如此，有了区块链技术，整个行业的交易效率都会大幅提升，进而提高交易者的收益。

4. 证券发行与交易

现有的证券发行与交易的流程手续十分繁杂，而且由于流程过长业务办理的效率也十分低下，证券交易日和交割日之间存在1~3天的时间间隔。

运用区块链技术则能够实现准证券行业实时资产转移，加速交易清算速度。这是由于区块链技术能够通过共享的网络系统将原本高度依赖中介的证券交易事务转变为分散式的平面网络交易模式，大大提高了市场效率，能够将证券交易日和交割日的时间间隔从1~3天缩短至10min。

5. 客户征信与反欺诈

为了满足越来越严格的监管要求和防止金融犯罪事件的发生，银行在客户征信和反欺诈上投入了越来越多的人力物力成本，这已经成为银行极大的负担。

区块链技术恰好能够改变现有的征信体系，存储所有用户的交易记录并生成信用评估，这样就为银行省去了大量的客户调研工作，节省了成本。同时区块链能够为银行提供共享的客户信用数据，在客户交易有异常行为出现时及时预警，降低欺诈行为出现的风险。

区块链能够为金融行业带来更加透明的交易流程和更低的交易成本，能够在金融行业的各个方面提供技术支持，是金融行业进行创新的一大助力。

1.4.2 区块链在医疗行业的六大发展机遇

随着数字化医疗的推进，医疗行业也迎来了服务模式转变的重要时期。区块链在医疗行业的发展机遇有以下六大方面,如图 1-12 所示。

图 1-12　区块链在医疗行业的六大发展机遇

1. 解决网络安全威胁问题

尽管医疗行业有许多严格的法律法规来确保病人数据的安全和隐私,但日益严峻的网络安全隐患也让数字化医疗的发展受到了考验。

根据 IBM 安全研究机构波耐蒙研究所的数据分析结果来看,近年来医疗机构在防止数据泄露方面的成本有所增加,而其他行业则下降了 10%,突出的对比结果预示着医疗行业在解决网络安全威胁上有着更为迫切的需求。

随着联网医疗设备的增多,医疗设备的网络安全系统成为影响医疗行业网络安全的关键因素。如果把医疗设备中现有的安全系统更改为基于区块链的系统,就可以为设备提供一层额外的保护。

因为区块链支持下安全系统使用的是分布式网络共识算法,整个网络中的所有用户共同管理监督数据内容,同时凭借内置的加密技术能够保证所有数字事件的记录不可篡改也不可能被破解。通过这种新的区块链技术,整个医疗数字系统面对网络安全威胁时有了更高的防御能力。

2. 提高医疗数据互操作性

随着数字化医疗的发展，良好的医疗数据互操作性具有十分重要的意义。而真正的互操作性不仅仅意味着医疗数据的信息交换，更加考验两个或多个系统或实体互相信任、责任共担的能力。

利用区块链技术，医疗数据可以实现加密共享的目标，能够实现分散式交互。同时如果在现有的 HIT 系统基础上融入区块链技术，就能够替换现有医疗数据交互工作中存在的第三方托付者，大大提高数据流通的可靠性和效率。

3. 有助于提高用户对医疗数据的掌控度

在数字医疗出现之后，消费者对自己医疗数据的关注度大大提高，并对主动参与到自己的医疗方案定制中抱有极大的热情。根据 Frost & Sullivan 的一项调查显示，在美国约有 69% 的消费者会追踪查看自己的医疗数据，41% 的人对查看自己的医疗数据抱有十分坚决的态度。然而由于对医疗数据的隐私保护等原因，大多数消费者不能有效参与到医疗数据的操作和访问中，医疗数据的所有权等问题因此受到了质疑，这大大降低了数字化医疗的推进速度。

区块链由于能够为用户的数据提供即时的确权登记和数字身份的认证，可以把医疗数据的所有权交还到消费者手中，消费者自身可以决定自己医疗数据的访问限制，增加了消费者对数字医疗的参与感。有了对自己的医疗数据的掌控感，消费者就可以放心地参与数字化医疗。

4. 实现以价值为基础的医疗

在区块链中，医疗行业的所有价值的分布式呈现使得创建成本效益的商业关系变得更加容易，在这种关系中，几乎所有的价值都可以被跟踪和交易，而不需要一个中央控制点。区块链系统的成功部署将提供一种全新的可能，在医疗工作流程中推广结果导向型医疗服务和报销模式可以为整个行业节省几十亿美元。

5. 促进精准医疗

基于区块链技术的安全基础设施能够为实现各界医疗数据的无缝衔接提供安全保证，有望推动医疗行业、医疗学术界和普通群众达成医疗数据共享的合作，推动医学研究的创新，从而促进精准医疗的发展。

6. 加快新治疗方法和药物的研发速度

在新型药物研发上，药物公司每年都会因为新药物对某些基因类型的患者不起作用或是产生了不确定的副作用而损失千亿美元，因此药物公司已经开始从重磅畅销药的研制转向了对病人具有针对性的药物研制，而实现这一点首先就需要大量的医疗数据作为资料支持。

如果区块链技术在医疗行业得到了较多的应用，医疗数据的流通就会成为极为规范且常见的事情，药物公司获取资料用以研发新药物也就变得更加容易。

1.4.3 区块链融合物联网，打造智慧地球

物联网发展应用至今，大规模的实际建设仍没有出现，主要的原因是建设和维护的成本太高和系统中设备数据的安全隐私无法确保。

物联网的突破性应用是IBM和三星联手打造的基于区块链技术的物联网"自动去中心化点对点遥测技术（ADEPT）系统"，这款系统结合了区块链的优点，弥补了物联网建设中遇到的两大缺陷。从ADEPT系统开始，区块链和物联网的融合就引起了众多关注。

在ADEPT系统中存在着一个基于区块链数据库建立的分布式设备网络，也就是说ADEPT系统构建了一个去中心化的物联网系统，利用智能合约可以让各种智能设备具有支付订单的能力。

根据可行性报告的显示，ADEPT系统中的家用电器可以在智能合约的调配下发布命令，例如洗碗机可以提醒洗涤剂供应商进行供货，接收到供应商

的支付确认信息和发货信息后,洗碗机可以给主人的手机发送短信作为提醒。

数字货币集团投资总监 Ryan Selkis 曾说:"未来几年内,物联网将会成为区块链技术最大最激动人心的应用领域之一。"在 ADEPT 系统中则充分体现了这一点。

ADEPT 系统在物联网中融合区块链技术,一方面能够让设备实现自我管理和维护,例如上文提到的洗碗机就可以自行完成跟该设备有关的所有活动,而不再需要费用高昂的云控制管理系统,解决了物联网应用成本高的问题;另一方面区块链可以为各个设备生成私钥,解决了物联网中设备数据安全的问题。

ADEPT 系统的成功应用证明了区块链在物联网领域也有巨大的应用潜力。在物联网体系中,区块链的技术支持能够大大扩展物联网设备的种类,大到自动驾驶汽车,比如具有召唤模式的特斯拉 Model S 型轿车,小到温室内的湿度器,都可以放心接入物联网中而不必再担心数据泄露问题和运营成本问题。

区块链和物联网融合,既给区块链技术提供了用武之地,又给物联网的大规模实际应用带来了可能,真正为"万物相联"的世界提供了可能,实现智慧地球的目标也指日可待。

1.4.4 区块链与知识产权管理,让维权更容易

国家"十三五"的重点专项规划中包含了知识产权的"十三五"规划,这是因为保护知识产权就是保护创新,政府对知识产权工作的高度重视和大力支持具有极为重要的意义。从另一方面看,政府的明确表态也意味着我国现有的知识产权管理工作做得还不够出色,仍需从各个角度严加把关。

按照纵向产业链的划分方式,知识产权产业可以划分为确权、用权、维权3个环节。确权是行业发展的源头,用权是产业发生经济效益的环节,维权则是知识产权所有人的利益保障环节。按照这三个环节的划分,知识产权产业现有的痛点也可以归为以下三个方面,如图1-13所示。

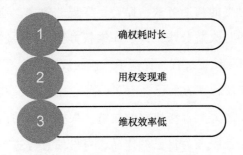

图 1-13 知识产权产业现有痛点

1. 确权耗时长

知识产权的确权行业效率在互联网的帮助下已经有了很大的提高，已经可以在 30 个工作日甚至 10 个工作日内实现知识产权的确权，但考虑到数字作品在网上传播的速度，现有的确权过程依旧耗时较长，时效性不高。

2. 用权变现难

在作者们希望通过自己的作品进行产权变现时，首先需要对自己的产权进行证明。传统的产权证明方式依赖于权威的第三方认证，有很高的使用成本，给作者们的产权变现带来了困难。但侵权者在盗用作品时却可以故意绕开产权认证，这也给作者们对自己作品的正当使用带去了负面影响。

3. 维权效率低

在侵权行为发生后，作者进行维权时必须要经过一系列的授权说明审核和不同权利的归属认定，例如歌曲的词曲著作权、发行权、播放权等，这些流程复杂程度高、判定标准不够清楚，让维权的效率变得非常低。

在保护知识产权上，努力健全相关法律法规是提高行业行为规范的重要步骤。而在提升技术效率上，区块链的使用就显得十分必要了。

首先在确权方面，区块链能够对上传的数据进行即时的确权认证，大大降低了确权过程所用的时间；其次在用权方面，区块链明确的版权认证能够实现需求方和所有者点对点的沟通方式，提升了变现的效率，通过智能合约还能够实现多个版权方的即时收益分账；最后在维权方面，区块链清晰的版权认证大大加快了侵权者的侵权认定过程，提高了维权的效率。

区块链在知识产权管理方面已经有了一些应用实例，其中一个著名的案例就是由小蚁、微软和法大大合作成立的法链。根据法链的白皮书介绍，作者可以利用法链提供的存证服务为自己的作品、身份信息等进行加密，为自己的作品确权备案。当发生产权纠纷时，法链联盟成员可作证或公证处出具相关文件进行认证，保障作者权益。

区块链的应用能够为知识产权的管理事业带来规范的处理标准，结合完善的法律法规，知识产权的维权处理将变得更加容易。

1.4.5 区块链让智慧能源迎来新契机

智慧能源是近几年兴起的一个新概念，根据刘建平等著的《智慧能源——我们这一万年》一书中的阐述，智慧能源就是"充分开发人类的智力和能力，通过不断技术创新和制度变革，在能源开发利用、生产消费的全过程和各环节融汇人类独有的智慧，建立和完善符合生态文明和可持续发展要求的能源技术和能源制度体系，从而呈现出的一种全新能源形式"。

自从国家发展和改革委员会、国家能源局、工业和信息化部联合发布《关于推进"互联网＋"智慧能源发展的指导意见》以来，能源技术方面的革新成为各个行业都积极关注的对象，而区块链技术因为思维和技术两方面的创新得到了众多行业带头人的肯定。

在"2017中国能源互联网大会暨智慧能源产业博览会"上，中国智慧能源产业技术创新战略联盟理事长王忠敏先生曾指出"中国能源如果不革命，我们的可持续发展就是不可持续的"，他在互联网技术方面表示了对区块链思想的先进性和颠覆性的认可，并对区块链将对智慧能源产业带来的革命性影响抱有十分乐观的态度。

在实现智慧能源目标的路上，能源行业要在三方面解决现存的痛点。第一是大规模、大范围的能源消费模式带来的长距离能源输送损耗大、风险大等问题；第二是由于个性化消费的增多带来的个性化能源需求问题；第三是实现能源的交易。区块链技术能够通过实现去中心化的交易，一次性解决这3个问题。

区块链的去中心化特点能够帮助促进能源市场中的生产者和消费者直接对接，实现能源的无中心交易市场。这样一来，能源需求者就可以直接寻求当地的能源生产者购买能源，降低了能源在运输过程中的损耗，同时消费者可以根据自己的需求灵活购买，实现个性化消费的目标。

国内外众多能源巨头公司均看到了区块链技术在实现智慧能源方面的潜力，纷纷展开了对区块链的投资和布局，其标志性举措是英国石油公司 BP、壳牌和挪威国家石油公司共同宣布合作开发区块链技术支持的实时能源交易平台。

在此之前，就已经有许多公司进军区块链领域进行投资：东京电力公司（TEPCO）对区块链初创公司 Electron 进行了投资；壳牌的子公司 Shell Trading International 对区块链初创公司 Applied Blockchain 进行了投资……在国内，国网浙江电力、中国石化集团、华为等众多企业也纷纷开展了区块链技术的能源交易试点。

区块链技术的应用，能够充分降低现有能源行业的成本，同时也有潜力连接整个市场中的上百万个能源设备，让它们进行直接的交互从而彻底改变能源行业。可以想象，在未来一户普通居民的太阳能热水器都可以在区块链的支持下把转化的富余电能卖给他人，能源的利用率将会大大提高，智慧能源的实现有了新的契机。

1.4.6 区块链在供应链中消除平台壁垒

基于移动互联网的各种技术创新已经改变了人们的生活。美团、饿了么、滴滴、大众点评以及各种随处可见的 O2O 服务已经成为我们生活的一部分。

你所乘坐的飞机航班是通过携程预订的，飞机降落后你使用滴滴叫到一辆专车，10分钟后你到达在美团上预订好的酒店房间，这里位置非常好，就在你明天开会会场的附近……这种方便快捷的商务旅行生活已经成为一种常态，只要使用当今众多的标志性移动应用就可以实现，比如携程、滴滴、美团等。人们对这些应用几乎达到寸步不离的程度。

区块链的诞生及应用或许会改变这种局面，当然，时间在十年甚至几十年之后。下面，我们想象一下自己来到了50年后。那时的生活已经发生巨变：你可以立即找到提供所有这些服务的供应商，使得交易过程变得更加快捷，不再需要借助第三方平台，模式从图1-14转变为图1-15。

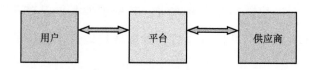

图1-14　当前用户获取服务的模式

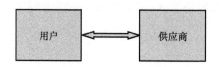

图1-15　50年后用户获取服务的模式

在未来世界里，获取所有服务的渠道都处于同一个网络中，就像邮件一样采用P2P的方式，从而省去加入第三方平台的繁冗手续。而且，这个网络中的信息交互都是通过分布式运算引擎上运行的加密算法自动完成的，从而不会受到任何个体或组织的控制。

迄今为止，这种"无平台"假设依然没有成为科技界主流的原因是显而易见的，因为它的竞争对手非常强大，它们常常是先提供免费的服务，然后通过广告或者用户数据来变现，最后成为霸占市场的集中式平台。然而，无平台趋势已经逐渐占有先机。因为区块链的发展让公司、组织以及个人相互联结在一起，把第三方平台从供应链上剔除，用户可以直接与服务提供商联系，然后进行交易。

在这种供应链模式中，各种移动应用背后的复杂机制转变为一个更完美的系统，帮助用户预订飞机票、订车、订酒店，顺便为用户提供几首喜爱的音乐。制造这一完美系统的技术就是区块链。

P2P 基金会的核心成员、都柏林圣三一学院的讲师 Rachel O'Dwyer 表示："区块链创造了一种可信的数字货币和会计系统，使得人们就不必向美联储这样的集中式媒介求助。"

在区块链分布式系统里，所有的参与者可能互不认识，但是大家可以共享知识、共同决策、一起建设公开透明的系统。

有一些人已经开始尝试用区块链来取代第三方平台，使我们畅想的未来离我们越来越近。在以色列，La'Zooz 针对优步推出自己的共享出行应用，并将其戏称为"反优步"。La'Zooz 展望的未来场景是：无论你在世界上哪个地方需要坐车，你的电话就能帮你联系上附近想要与你前往同一个目的地的人。也就是说，La'Zooz 想要实现真正的"实时拼车"，而不是让用户供养一家开发了应用的出租车公司。

La'Zooz 早先推出了一个安卓应用，并在以色列境内进行了一个小型试点计划。La'Zooz 的系统用自己的代币 zooz 给司机付钱，而 La'Zooz 的司机通过允许该应用跟踪自己的地理位置从而获得 zooz 币。La'Zooz 的开发者认为："这种方法能够活跃用户，让更加广泛的人群接触到 zooz。一旦搭车业务投入运作，人们就能直接用 zooz 币来进行支付。"La'Zooz 站点上的用户广泛分布在世界各地，规模虽然不大，但其未来发展潜力是巨大的。

La'Zooz 的软件大部分都是由核心团队成员开发出来的，虽然还存在缺陷，但他们依旧热衷于区块链概念本身。La'Zooz 以及其他相似的项目让我们看到去平台化的服务和网络的确有可能成为现实，而且我们不需要任何中心平台机构。

La'Zooz 的核心成员之一 Eitan Katchka 称："我总是跟那些质疑我们的人说，如果回到 1993 年，你会怎么跟朋友解释电子邮件呢？"

非盈利公共信托组织 XDI.org 的主席菲尔·温德利（Phil Windley）认为，"区块链非常复杂，这是因为人们希望通过区块链技术解决的问题也很复杂。回想一下20世纪80年代的光景，当时的人们如果想要给一些电脑建立局域网的话，面临的互联网协议也是异常复杂的。当然，与区块链相比，那些协议还是更简单一些，但是在当时的技术背景下，那就与区块链一般复杂。"

对于用区块链技术构建去平台的服务系统，菲尔·温德利感到非常兴奋，"区块链能够让我们把所有事物都纳入系统，而不需要任何一家公司作为中间人。当然，公司不会因此全部消失，但是有了区块链技术的应用以后，用户就可以随意更改提供商，所有的服务都能互用。代码全部都是开源的，没有任何一个特殊的组织可以独占某些资源。有了区块链以后，我们甚至有能力运营自己的服务器。"

从根本上说，区块链之所以能够缩短供应链环节，事实上是通过对信息流、物流以及资金流的控制。到时候，广大用户将成为真正的受益者。我们期待那一天的到来。

第 2 章

区块链与大数据的联系与区别

区块链与大数据是当代出现的两个新型互联网技术,当人们还没有足够了解移动互联网的时候,大数据和区块链就接踵而至了。区块链与大数据有着广阔的发展空间,它们之间也不是如平行线般独自发展,而是在各具特色的基础上有着千丝万缕的联系。

2.1 区块链是大数据的安全载体

区块链技术被很多业界人士所看好,它被认为是现代互联网技术的补充和升级。区块链技术在很大程度上促进了大数据技术的发展,如果说大数据是信息管理和存储中心,那么区块链就是信息加密和保护系统,它起到了为大数据提供高度的安全性、确保个人信息的私密性、帮助数据实现不同场景下的融合、使得数据更强大等作用。区块链是大数据的安全载体,为大数据保驾护航。

2.1.1 区块链确保数据安全性

区块链的安全性是由它的系统架构决定的。区块链系统由无数节点构成,这些节点类似于一台台独立工作的计算机,当需要记账的时候,每一个节点都会参与竞争,系统会在一段时间内选出最合适的节点来记账,而这个节点就会在数据区块中记录下近期发生的数据变化,记录完成后,该节点就会把这个数据区块发送给其他节点,其他节点首先会核实数据,数据无误的话,就会把这个数据区块也放入自己的账本当中,于是系统里的所有节点都拥有一个完全一样的数据区块,即账本。

这种记账方式被称为区块链技术或者分布式总账技术,如图2-1所示。

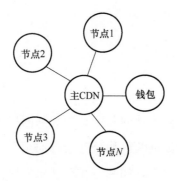

图2-1 区块链系统节点

似乎这种记账方式冗余且浪费存储空间,并不是一个较为可取的方案,但是这种记账方式能够为数据提供极高的安全性,主要体现在以下几个方面。

首先,每一个节点都是相互独立互不影响的个体,任一节点的损坏都不会影响其他节点的正常运行,因而也就不会导致系统丢失数据,影响系统安全。因为系统在这些节点中选择记账者,而每一个节点的权重又是一致的,所以即使某一个节点被破坏,也不会影响系统的正常运作。

其次,由于每一个节点所拥有的数据区块,即账本数据,都是一致的,因此篡改或者破坏单个节点的账本数据对系统而言没有任何影响。因为如果出现账本数据不一致的情况,系统会自动认为大多数节点拥有的账本数据才是真实的数据,而那些少数节点拥有的账本数据是被篡改或被破坏过的数据,系统会自动舍弃这些数据。这就意味着如果想要篡改区块链系统数据,就要控制大多数节点,也就是通常所说的51%攻击。

但是，一般情况下，区块链系统中的节点数量成千上万，能够控制大部分节点的可能性极低，那么篡改破坏数据的可能性也会大大降低，因此区块链确保了数据的安全性。就像微信群聊中的聊天记录一样，一个微信群可能具有上百个成员，每个人的手机都会有一份完整的聊天记录，如果有人想要修改或删除聊天记录，那他也只能修改或删除自己手中的一份，而不能修改或删除其他成员的聊天记录。

2.1.2　区块链保障数据私密性

区块链上的数据本来是公开透明的，所有账户的资产和每一笔交易记录都可以被清楚地看到，这就产生了用户账户数据缺乏私密性的问题，如果某人将自己的账户地址告诉交易的另一方，那么对方就能够通过区块链看到账户的所有资产和历史交易记录。

为了解决数据缺乏私密性的问题，需要使用密码学工具对数据进行加密处理。常用的密码学工具主要有通道（Channel）、混合器（Mixer）、环签名（Ring Signature）、零知识证明（Zero Knowledge Proof）。

1. 通道

通道技术的发展得益于支付手段的不断创新，通道实际上是甲方向乙方发起的请求执行包含交易的智能合约的过程。

那么通道如何保护交易双方的私密性呢？假设 Ella 和 John 在进行交易，Ella 向 John 发起了交易总额为 0.5 以太币（ETH）的智能合约，这个智能合约就是支付通道。发起合约后，双方的交易和支付操作都是在线下进行，只有 Ella 和 John 两人才能掌握交易的各种详细信息。

在交易过程当中，每一笔交易都需要由 Ella 签名发出，经过通道到达 John 手中，即使交易额非常小，也需要对方签名确认。如图 2-2 所示，在序列号为 1 的交易中，"Ella：0.499,8" 和 "John：0.000,2" 代表着持有 0.499,8 以太币的 Ella，经签名确认，向持有 0.000,2 以太币的 John 发起交易。序列号为 2 的交易同理，以此类推，直到序列号为 100 的交易，最终能够确认在总额为 0.5 以太币的智能合约中，Ella 持有 0.382,5，John 持有 0.117,5。

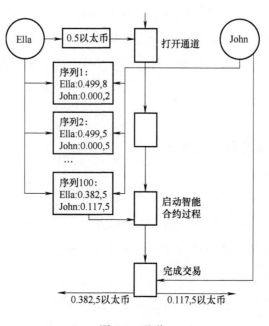

图 2-2　通道

每一笔交易都需要签名，签名次数越多，交易的时间越长。交易的序列号越大，越能体现出交易双方的近况。

通道内的交易都在链下进行，只有当出现冲突时，才会在链上解决。比如 Ella 无法辨认或不承认 John 的签名，那么智能合约就会认为这笔交易不被双方接受而将其提交到链上处理。

通道既保证了区块链数据的安全性，又保障了交易双方数据的私密性。

2. 混合器

混合器是指交易双方将货币发送给一个中心平台，打乱交易关系后再把货币发送到指定地址的过程，如图 2-3 所示。

混合器不需要交易双方在链上直接将货币发送到对方指定的地址，因为这样没有私密性可言，而是设置了一个与所有交易方都彼此相连的第三方中心平

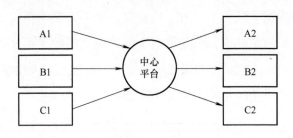

图 2-3 混合器

台,交易方 A1、B1、C1、A2、B2、C2 只需要将货币与对方指定的地址发送给平台,平台会打乱交易关系,然后把货币重新发送到指定地址。这样,链上的用户就只知道 A1、B1、C1、A2、B2、C2 这些用户间发生了交易,却不清楚具体是谁和谁发生了交易。

混合器保护了交易双方数据的私密性,交易地址不会被其他用户看到,但要充分信任第三方平台。

混合器还有很多应用,比如抵抗 Sybil 攻击和保护隐私的投票等。

3. 环签名

环签名是一种保护签名者信息不被泄露的解决方案。签名者拥有着群签名中任意一个签名的签署权,但不能证明具体是哪一个签名。

应用到区块链交易方面,表现为签名者可以具体指定一个交易地址发送加密的货币,而其他用户只知道是群签名中的一个,却不知道具体是哪一个签名。但是同一笔交易不能出现两次同样的签名,否则环签名的保护措施就失效了。

环签名与混合器组合使用,安全性和私密性更高,因为在使用混合器进行交易时,交易签名的签署权很容易就会得到,和单一环签名技术相比,其组合使用保护能力更强。但要注意,只能签一个名,不能签两个名。

4. 零知识证明

零知识证明是目前为止在保护区块链数据私密性方面最强大的解决方案,它难度最高,但是保护能力最强。一般来讲,零知识证明指的是不需要借助任何数据就能够完成整个证明的过程。比如有一个不完整的等式，我们需要在不借助任何其他知识的条件下，确定使这个等式成立的数字是什么，填入数字后如果等式成立，那么这就是零知识证明，如图2-4所示。表现在区块链交易中，则为不需要借助其他任何外界数据即可完成整个交易流程。

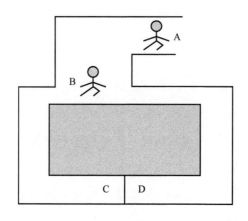

图2-4　零知识证明

其中，在C和D之间存在一个阀门，并且知道密码的人才能打开，B知道密码并想向A证明，但证明过程中不想泄露答案。为了实现以上设想，步骤如下。

1）B一直走进洞穴，到达C点或者D点。

2）在B消失在洞穴中之后，A走到B出发的位置。

3）A随机选择左通道或者右通道，要求B从该通道出来。

4）B从A要求的通道出来，如果有必要就用密码打开阀门。

5）B和A重复步骤1）至4）n次。

零知识证明不仅能有效保护数据的私密性，而且还会提供给交易方很多方便，比如追溯每一笔交易，查询每一笔交易发起的时间等。如果用户希望在不需要了解更多交易信息的前提下验证每一笔交易，那么零知识证明就为用户提供了强有力的解决和保护方案。

目前Zcash代币交易已经使用了零知识证明技术，取得了突出效果。除了在虚拟货币领域，零知识证明技术在区块链上的发展空间更为广大，因为零知识证明技术几乎能够被用在区块链上的所有应用当中,能够最大化保证区块链去中心化的原则,同时也能极大保障交易的安全性和私密性。

零知识证明保护隐私的能力极强,因为除了唯一正确的数据,其他任何数据都无法破坏交易。但是零知识证明技术目前并不完善,它也存在着一些明显的缺点,比如生成效率低、需要信任支持等。相信在不久的将来,零知识证明技术的缺点会得到有效修正,它会成为在区块链中使用最广泛且最强大的技术。

2.1.3 区块链保护数据相关权益

在大数据行业日渐成熟的时候,数据资源的价值得到了所有人的认可,那么大数据作为一种新型资产带来的相关权益保护也就成为了大数据行业的重要事项。在保护数据相关权益方面,区块链有着突出的能力。数据资产的所有者可以在区块链上进行资产注册,明确大数据的源头,并对数据的所有权、使用权进行明确的规定,防止数据被侵权使用。

在实践应用上,区块链也已经被许多公司运用在了保护数据相关权益上,尤其是以数字作品为代表的数据版权方面,Primas平台就是旨在保护优质内容和作者权益的开放式社区平台。公司技术团队主要致力于使用区块链和其他技术手段加强对网络内容的溯源和筛选,既使用户获取到优质的内容,也帮助原创内容进行版权保护。

利用区块链技术,发布在Primas平台上的原创作品会自动生成一个全球唯一的数字ID:Primas DNA。根据数字ID,原创作者可以方便地查看平台上自己作品的使用去向,一旦侵权事故发生,作者维权也变得有迹可循。除此之外,因为不需要中心化平台保护作者版权,区块链技术还能够帮助作者直接通过发布优质作品获取收益,不用担心中介平台拿走大部分收益。

通过Primas的案例,可以发现区块链在数据权益保护方面的优势主要体现在以下两个方面。

1. 区块链能够破除中介复制数据的威胁

在大数据交易过程中，传统的中介交易方式会带来中介复制数据的威胁。数据资源和传统实体商品不同，具有"复制即拥有"的特性，中介的存在会对数据所有者的利益产生极大的威胁，而这种威胁仅靠口头的承诺无法消除。

在区块链上，由于没有中介平台的存在，数据不会有被第三方复制的隐患，数据生产者的合法权益得到了保障。

2. 区块链破解数据确权难题

区块链为数据资源提供了可追溯路径，能有效解决数据确权的难题。在区块链中，网络中的多个节点共同参与了数据的生成和使用记录，并且节点之间会互相检验验证数据信息的有效性，既可以防止数据被篡改，又提供了数据资源的可追溯路径。

把各个节点记录的数据流通信息串起来，就形成了这笔数据完整的流通明细清单，数据的源头也变得清晰明了，数据资源的确权变得简单。

对于价值重大但所有权等相关属性在传统交易模式下易受到威胁的数据资产来说，实现相关权益的保护需要从新的技术手段入手。利用区块链技术，数据资产的所有权变得清晰可查，在交易时也不再有第三方中介进行复制操作，能够全面保障数据生产者的相关权益。在区块链上对数据进行注册确权，后期数据的交易记录将会是全网认可的，而且受到全网的共同监督，透明可追溯。即使发生了数据的侵权事故，清晰的记录也将会使维权事宜变得简单明了。

2.2 区块链和大数据的共同关键词：分布式

大数据和区块链具有一个共同的关键词：分布式。分布式的思想让大数据技术实现了分布式计算和分布式协同工作，技术手段也从权威垄断转向了去中心化。而区块链技术作为分布式数据库的典型代表，也具有分布式的特点。两者在这一点上的统一带来了融合发展的可能。

2.2.1 分布式：让大数据和区块链从技术权威向去中心化转变

从历史上的发展来看，IT 技术发展呈现出一种集中与分布交替的螺旋式上升的形态，如图 2-5 所示。

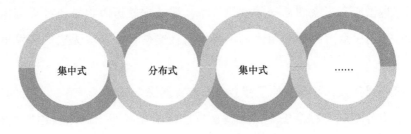

图 2-5　IT 技术呈现螺旋化上升

在计算机诞生初期，技术是集中化的，这是因为技术的限制导致了使用模式只能是一对一的。为了增加计算机的利用率，行业公司很快开始部署新的设计。IBM 公司引入了虚拟化的设计思想，将一台大型机在为多个客户服务时分割出多个虚拟的小型主机，这是一种十分复杂的集中式计算。

等进入到小型机和 PC 时代，虽然使用模式回归了一对一的模式，但是计算机设备已经分散到了各个地方。等进入成熟的互联网时代，客户端和服务器已经运用了分布式计算的模式，只不过各个服务器之间还是分散的，没有连成网络。

进入云计算时代，计算能力又被统一管控起来。虽然客户端和服务器依旧以分布式计算为技术基础，但服务器之间已经形成了分布式协同工作模式。因为协同的特点，整体上这应该是一种集中式的计算服务。

到了以云计算为基础设施的大数据时代，IT 技术中仍旧蕴含着分布式的核心思想。以现在最常用的分布式计算技术的代表 MapReduce 来说，大数据需要 MapReduce 将任务分解后进行分布式计算，然后将结果合并。

分布式的技术形成了一种去中心化的系统，其中的每个组成部分都是同等重要的。具有这个特点的区块链技术在这一点上也显得十分突出。从本质上看，区块链是一种去中心化的分布式账本。区块链通过时间顺序将持续增长的数据整理成链式数据结构，系统中所有节点共同参与数据的记录。

在"分布式"这一理念上，大数据和区块链技术取得了一致。而分布式概念的出现，代表了一种从技术权威垄断到去中心化的转变。

在IT方面中的技术垄断更加指向具有垄断性质的大型互联网公司，假如某家公司掌握了所有互联网社交软件的技术，那么它就可以将整个社会舆论控制在手中。普通民众因为要使用该公司提供的社交软件，根本无法顺利发出对该公司的质疑。

一家公司独大，甚至掌控了社会舆论，普通民众失去了发声、监管的权利，这显然是十分不利于社会安定的事情，也违背了互联网"网络自由"的初衷，各国政府也在反互联网技术垄断上做出了各种努力。

而当"分布式"的概念出现后，从根本上打破了技术权威垄断的情况，形成了"无中心"的新技术。在分布式的系统中，所有参与者享有同等的权利。大数据的各个协同工作组件缺一不可，互相协调才能完成工作；区块链的各个节点共同监督数据，每个节点都有质疑和被质疑的过程。分布式的核心思想让区块链和大数据都具有了从技术权威到去中心化的特点。

区块链和大数据在分布式上的共同点有两个具体的领域：分布式存储和分布式计算。下面两个小节将从这两方面详细介绍。

2.2.2 分布式存储：HDFS VS 区块

分布式存储是相对集中式存储而言的。在传统的数据存储技术中，数据被集中放置在一个特定的数据库中，就好比用一个篮子装所有的鸡蛋；而分布式的存储则利用了多个数据库，共同存储数据，"鸡蛋"被分散在了各个容器中。

在存储数据上，区块链和大数据都采用了分布式存储的技术。区块链存储数据的基本单元是区块，而大数据则是Hadoop分布式文件系统（HDFS）。

如果把区块链看作账本，区块链中的区块就是账本中的账页。在比特币的区块链中，每一个区块都记录了一段时间内比特币的交易数据。在中本聪创立比特币时，构建了第一个区块——创世区块。

对于区块链来说，计算机进入区块链中成为一个"区块"是没有什么特殊要求的，只要计算能力够强，就可以成为一个新的区块。也就是说，这些区块的计算机设备可以出现在地球的各个角落。那么这些原本分散的设备是怎么组合在一起形成"区块链"的呢？

在区块链的区块中，除了"创世区块"只有一个 ID 识别号之外，后续建立的区块都包含两个 ID 识别号，一个是属于自己的，一个是属于前一个区块的。通过 ID 号码之间的指向，区块就按照时间顺序连成了区块链。

由于需要应对海量且在持续快速增长的数据，大数据在数据存储方面则更加注重性价比，实现存储容量弹性扩张。HDFS 是大数据应用程序中主要使用的分布式存储技术，能够满足商用硬件的高性价比的要求，因此在众多分布式技术中脱颖而出。HDFS 的具体特点如图 2-6 所示。

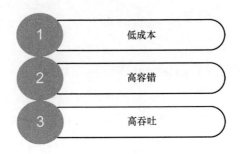

图 2-6　HDFS 的特点

1. 低成本

HDFS 的分布式存储服务是依靠数百个甚至数千个服务器共同工作实现的，这样一来，在服务器出现故障时就只需要单独维修这一台机器就可以了。如果是集中式的大型服务器，遇到故障的维修成本将要高许多。HDFS 系统通过这种方式实现了低成本的目标。

2. 高容错

由于 HDFS 是众多服务器协同工作，共同实现分布存储，HDFS 给每个数据文件都准备了两个冗余备份，保证每个数据文件被存储三次。这样即使某台服务器出现故障，HDFS 也可以在备份数据的帮助下继续进行工作。所以 HDFS 允许机器发生故障，具有高容错的特点。

3. 高吞吐

HDFS 的访问模型是"一次写入多次读写"式的，只能够在结尾追加描述数据的变动而不允许直接修改文件。这样就简化了保证数据一致性的流程，实现了高吞吐的数据访问。

虽然区块链和大数据在存储数据的实现技术上采用了不同的方式，但不能否认它们都是基于"分布式"的思想出发的：通过利用多个计算机，实现数据的分布式存储。这样的存储方式让大数据技术有能力应对庞大的数据量，也让区块链实现了去中心化的共治。

2.2.3 分布式计算：MapReduce VS 共识机制

分布式计算是一种新的计算方式，是指两个或多个软件之间互相共享信息，合作计算。分布式计算方式不要求这些软件在一台计算机上运行，可以在多台计算机上通过网络连接共同运算。

简单点来说，分布式计算就是将大量的数据分割成多个较小的单元，分派给多台计算机分工计算，最后将所有结果进行汇总。这种计算方式是云计算的技术基础，对数据海量的大数据计算来说意义重大，因为创造一个算力足以应对 PB 级别的计算机几乎是不可能的。

分布式计算的理论在很早以前就已经有科研人员在研究，但实践方案并不多，也没有得到广泛应用。直到谷歌公布了 MapReduce 之后，分布式计算的应用才开始得到广泛关注。

在大数据领域,分布式计算的成功案例就有 MapReduce。MapReduce 是云计算的核心技术,适用于大规模数据集(大于 1TB)的并行运算,在大数据的分布式运算中具有良好的表现。同时 MapReduce 也是一种简化的分布式编程技术,能够有效提高复杂问题的并行处理效率。

而在区块链中,分布式计算的思想体现在"共识机制"中。区块链的共识机制是区块之间达成共识、写入数据的手段,也是防止数据篡改的手段。区块链的共识机制有多种,比特币区块链采用的是"工作量证明",意味着只有算力超过了 51% 的记账区块的计算机才有写入下一笔数据的权利,这也大大降低了篡改交易记录的可能。

分布式计算的核心在于不同计算机通过信息交换能够最终达成一致的结论,区块链的共识机制也刚好体现了这一点。除了比特币区块链采用的"工作量证明"机制,"唐盛链"采用的 GEAR 协议也是共识机制的一种。

GEAR 协议是由唐盛(北京)物联技术有限公司自主研发的共识协议,由轮转记账、集体评估和齿轮共识路由三个子协议组成。该协议充分考虑了区块链上的数据结构特点和点对点沟通的信息交流模式,在实现数据同步共识时支持多种场景灵活运用。

把大数据和区块链两者的分布式计算应用结合起来看,会发现核心特点就在于数据的同步共享和负载平衡。通过分布式计算,数据资源在所有的计算机上都有备份,方便实现稀有资源的共享;也可以降低计算机的运行负载,减小计算机崩溃的可能;同时还能够通过调配,把程序放在最合适的计算机上执行。

斯坦福大学化学系的戈尔哈姆·理查德·切尔曼教授曾说:"分布式计算将加快整个人类的科学进程。"随着现代科技的进步,每个学科的科学研究都需要进行大量的计算:数学家希望得出圆周率的更精确值,生物学家希望计算机模拟出蛋白质的折叠过程,天文学家希望计算机分析天体轨迹⋯⋯

人类未来社会的发展离不开各种数据的计算,而分布式计算成功在大数据领域和区块链领域得到实践应用将会对各界产生积极的影响。无论是 MapReduce 还是共识机制,都充分展现了分布式计算的独特优点:便宜且高效。

区块链和大数据具有一个共同的关键词,那就是"分布式"。两者在存储和计算运行的手段上虽然各有千秋,却都体现了分布式的思想。通过分布式存储数据,区块链和大数据实现了降低成本和提高系统稳定性的目标;通过分布式计算,区块链和大数据实现了数据共享和并行运算以解放计算机压力的目标。

因为区块链和大数据在分布式思想上具有很多的共同点,两者的共同发展也就有了基础,这也是区块链能够在大数据领域得到大规模应用的前提条件。

2.3 区块链与大数据生命周期大不相同

不管是区块链还是大数据,都要经历各自的生命周期,大数据在生命的发展过程中,经历了萌芽、过热、幻灭、复苏、成熟几个时期,生命发展的周期可以说是跌宕起伏。而对于区块链技术来说,它的生命周期与大数据大不相同,目前只经历了技术萌芽期以及过热期,并且生命周期间隔时间较短。

2.3.1 大数据:萌芽期—过热期—幻灭期—复苏期—成熟期

大数据以及区块链的生命周期可以用技术成熟度曲线来表示。技术成熟度曲线指的是新技术在社会上的曝光度随着时间变化的曲线。大数据的生命周期在技术成熟度曲线中的情况如图 2-7 所示。

2011 年,麦肯锡全球研究院发布了《大数据:下一个创新、竞争和生产力的前沿》报告,报告中指出,"当今社会的信息量已经呈现爆发式的增长态势,大数据即将成为竞争、引发新一轮生产力增长及创新的关键点。"这说明,大数据在当时已经处于萌芽阶段的爬坡状态。

2012 年,大数据得到了进一步发展,并在 2013 年达到了过热期的顶峰。但是,从 2014 年开始,大数据热度开始下滑;从 2015 年开始,大数据在曲线中突然消失,对于这种现象,有专家解读大数据的定位开始从"新兴"转向了"主流",这也进一步说明,企业已经把大数据从能力要素上升到了战略核心。

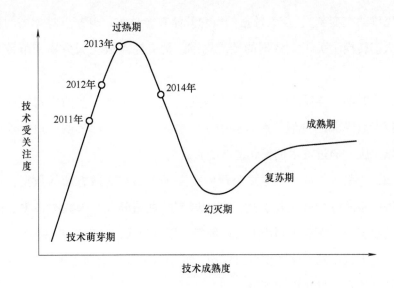

图 2-7　大数据的生命周期在技术成熟度曲线中的情况

对于"大数据"来说,在萌芽期可能只是简单的数据处理技术,人们对这种技术进行不断的思考、利用,使之进一步发展,推动大数据技术进入了过热期;之后,人们发现这项技术可能达不到原来的期望,于是便进入了技术的幻灭期。但是,实际上,技术的发展会不断地进步,也开始产生新的价值,然后迎来复苏期,直到这项技术发挥巨大的价值,最终走向成熟期。

大数据主要来源于计算机、传感器以及以非数字化形式存储的信息数字化,例如,文献、视频、档案资料等。

数据本身并没有任何价值,只有把数据利用起来,才会产生相应的价值。在大数据时代,最明显的特征就是存在海量的数据,在这个时代,人们不再是通过抽样来获得事物的特征,而是开始利用整个完整的数据来分析事物,这样的分析结果更加精确。

大数据在未来会彻底影响人们的生活,在工业 4.0 时代,本质就是自动化与信息化的不断融合,也是大数据不断发挥价值的过程。人们的大部分体力劳动以及脑力劳动都将被机器和智能取代,智能化的生活将覆盖到整个人类社会。

上述已经提到,2011 年麦肯锡全球研究院发布的一项报告,大数据在萌芽阶段开始进一步发展。2012 年,维克托·舍恩伯格出版了《大数据时代:生活、工作与思维的大变革》，使大数据的概念开始在全球推广开来。这本书的价值就在于使人们转换了关于大数据的传统思维，把关注点放在大数据变革带来的价值方面。

在这个时期，美国的企业开始认识到大数据的价值，并渴望能够进一步挖掘大数据背后隐藏的价值，然后从中获得最大的利益。这说明，他们已经建立了大数据思维，通过技术创新获得新的收获。

例如，伦敦政府从一家数据公司中购买了人们在交通方面的数据，通过对数据做进一步的分析来优化交通，减少城市的拥堵问题。大数据最重要的价值不在于获取多少，而在于利用大数据创新应用，为人们的生活提供便利。

人们对大数据的不断认识以及应用，推动了大数据走向了过热期。2013年，大数据技术达到了过热期的顶峰。

大数据经历了两年的泡沫高峰期之后，从2014年开始进入了幻灭期，并在2015年彻底从曲线中消失，变成主流技术。

市场咨询公司Gartner认为大数据需要2～5年就会达到稳定期，但是在2014年，曲线中的时间变成了5～10年，这说明大数据进入实用化的速度延长了，为何会出现这种情况呢？主要原因如下。

1. 数据严重缺失

制造、通信、IT等行业的信息数据化程度相对于其他行业来说都比较高，但是，行业数据的共享及交换程度低，每个企业的数据都处于不对外共享的状态，从而形成了数据孤岛。在医疗、教育等行业，大数据的发展速度远远跟不上大数据时代的发展需求，从而导致信息孤岛、电子档案沉睡，无法对大数据进行进一步的开发利用。

2. 过度炒作

对大数据的过度炒作为企业带来了短暂的利益。每当社会中出现了一种新兴的技术时，利用对技术的炒作可以更快获利，大数据技术也不例外。社会中的一些投资行为更多的是通过炒作，而不是满足社会真正的需求。

在过度炒作之后，企业开始发现这种投资行为根本不能获得真正的回报，这种结果降低了人们对大数据的信心，最终对大数据的实践应用产生不利影响。

3. 盲目崇拜大数据

对大数据的盲目崇拜影响了大数据的正常发展。因为利用大数据获得的很多结果都是需要重新利用传统的数据分析方法再进一步去验证的，整个过程并不简单。从本质上来讲，大数据主要是用来做出辅助性、探索性的结论，所以直接利用大数据来得出分析结果还是存在一定风险的，这也导致实际的数据分析结果比看上去效果要低。

大数据的结果应用非常强调时效性，并且在分析中使用的变量也比较多，人们很难发现其中的虚假关联。一旦出现虚假关联，很可能造成连锁效应，在大数据驱动的系统中，不管多小的失误都有可能被无限放大，从而导致大的失误。

大数据在发展的过程中，遇到了两种障碍。一种与技术有关，例如，基础数据的采集、处理速度、存储空间等，这需要更加有效的方法，在扩充能力的同时也提高数据处理前的筛选能力。另一种障碍与商业逻辑相关，在面对数据孤岛时，需要打破孤岛壁垒，使数据实现共享，凸显价值。

区块链技术的出现可以为很多行业难题提供新的思路，大数据可以在区块链技术的帮助下跨越障碍，获得新的发展，区块链技术的生命周期在 2.3.2 节中会详细阐述，这里不再多做解释。

2.3.2　区块链：技术萌芽期—过热期

与大数据不同，区块链技术在 2016 年才第一次出现在技术成熟度曲线中，中间几乎没有间隔直接进入了过热期。

有专家学者把 2016 年称为"区块链元年"。在这一年中，区块链技术成为了大多数行业中的热点，人们开始关注和挖掘区块链技术的真正价值，受关注度达到了前所未有的高度。国务院印发的《"十三五"国家信息化规划》中，首次把区块链技术纳入国家信息化规划中，并将其明确为国家的战略性前沿技术。

从2016年开始，人们开始利用区块链技术探索行业应用，在这个时期也出现了大量的区块链创业公司。2017年，区块链继续受到前所未有的关注。随着区块链概念的持续升温，全球对区块链技术的投资已经从最初的200万美元增加到4.69亿美元，增长了200多倍。

区块链技术可以作为互联网的底层技术存在，它由各种技术以及通信协议组成。在最初，区块链技术被用作比特币的底层技术，支撑货币发行、流通以及结算。从技术角度而言，区块链是一种全新的、基于互联网的去中心化的分布式技术，从社会经济角度来讲，区块链技术是实现价值互联的底层支撑技术。

在近几年中，区块链技术成为了科技创新中的热门词语，在区块链的发展过程中，产生了区块链1.0、区块链2.0、区块链3.0三个不同的版本，每一个版本都是上一个版本的进化。

在区块链1.0时代，以比特币作为数字货币的代表，但是它与法定货币有很大的区别，不能代替法定货币使用，也没有任何政府可以为其担保。

在区块链2.0时代，在应用中加入了智能合约的概念，这使区块链从最初的货币体系扩展到了股权、债权、产权登记等金融领域。

在区块链3.0时代，区块链成为了互联网的价值核心，可以对互联网中代表价值的信息进行产权确认和存储。这使得区块链技术不仅能够记录金融领域中的交易信息，还能记录任何具有价值的以代码形式存在的事物，使区块链的应用范围扩大到了任何领域。

区块链一时间受到了社会各界的追捧，在过热追捧的背后需要全方位的审视，这是一个去伪存真的过程。目前，区块链技术已经延伸到了各个领域，正式步入实际的应用阶段，很多区块链项目将会落地。

区块链从国外到国内，整个热度只增不减，尤其是在国内，气氛更是火热。但是，区块链方面的人才匮乏、技术门槛等问题也急需解决。对于正在探索的企业而言，未来发展方向尤为重要，力求技术的进步以及应用场景的细化是初创企业可以去做的。

区块链作为一项颠覆性的技术，越来越受到社会各界的广泛关注。例如，BAT 在区块链方面的布局。腾讯从 2016 年就开始致力于区块链技术的研究，2017 年完成区块链底层技术的积累，目前，腾讯该项目已经进入商业应用阶段，被应用在金融、公益、物流等各个领域。

2016 年 4 月，腾讯推出了区块链落地项目"公益寻人链"，首次实现了信息在各个公益平台中的共享。除此之外，在 2017 年 9 月，腾讯还与英特尔公司实现了合作，共同开发区块链技术在物联网应用场景中的安全防护能力。

百度在 2016 年 6 月，投资了美国的区块链技术支付公司 Circle；2017 年 5 月，百度金融与其他的金融机构实现了合作，共同支持基于区块链技术的 ABS 项目；2017 年 10 月，百度金融加入了 Linux 基金会旗下的超级账本，该基金会其他核心董事会成员包括 IBM、英特尔和摩根大通等。

阿里巴巴利用区块链技术的去中心化、分布式存储等特性促成了多个应用场景的落地，并且主要集中在区块链的底层技术，例如，共识机制、智能合约等。2016 年 7 月，蚂蚁金服把区块链技术应用在支付宝的爱心捐赠平台中；2016 年 10 月，阿里巴巴与微软、小蚁等实现合作成立"法链"；2017 年 3 月，阿里巴巴与普华永道实现了合作，把区块链技术应用到食品的溯源中。

2016 年，区块链可以说真正被大众所熟知。在近几年中，基于区块链技术的创业公司迅速崛起，很多利用区块链项目的应用场景逐渐落地，区块链也逐渐成为了很多企业的核心战略，推动社会进一步发展。

2.4 区块链与大数据在数据方面的六个差异

区块链与大数据之间除了在生命周期上各不相同，在数据方面也存在一定的差异，具体的差异可以从 6 个维度去考虑，那就是数据集、数据结构、信息、表达方式、数据本质和数据特点。

2.4.1 数据集：足够大 VS 有限

大数据无法在固定的时间内利用常规的软件进行收集和管理，需要新的数据处理模式才能使大数据发挥出更大的价值。大数据的采集、存储、计算量都非常巨大，起始计量单位至少是 P（10^3T）、E（10^6T）或 Z（10^9T）。

从大数据的定义上看，大数据面对的数据集是非常大的，以致于海量数据很难用传统的方式来处理。而区块链是互联网的一种底层技术，是一种分布式的数据库，它所能承载的信息数据是有限的，与大数据要求的"海量数据"还有较远的差距。

大数据技术的产生是为了处理日益增多的数据。由于各种智能终端的出现，移动互联网技术以及物联网技术和云技术的发展使得各种数据都被大量地生产出来。在移动互联网技术的支持下，数据的制造者从原来的网页变成了人，短信记录、社交数据、照片等都成为了数据来源，而物联网的技术发展进一步将数据制造者扩大到了无数自动传感器、监控器等中。这些数据通过互联网聚集到特定地点，形成了大数据之海。

IDC 对大数据的数据量预报告显示，到 2020 年全球数据量将扩大 50 倍。目前，大数据产业中的某单一数据集的数据规模从数 TB 到数 PB 不等，而存储 1PB 数据则需要 2,000 台具有 50GB 硬盘空间的电脑，可以想象再扩大 50 倍之后，大数据的数据量将是一个多么庞大的数字。

大数据的"大"，就是针对足够庞大的数据集而言的。而对于区块链技术而言，它针对的并不是海量数据，相反，作为一个数据库而言，区块链能够存储的数据集是有限的。

为了保证区块链的去中心化属性，许多区块链在设计时就把区块设计得比较小，以降低普通设备进入系统成为节点的门槛，现有的获得了较多成熟应用的区块链（如比特币、以太坊等）公链都采用了这种方式。然而过小的区块带来了每个区块的承载量有限的问题，例如，比特币系统的 TPS 仅 7 笔/秒，以太坊系统的 TPS 仅约 13 笔/秒。

从狭义上来讲，区块链是一种去中心化的数据库，在结构上，按照时间顺序把数据区块相连，然后形成一个完整的链条。在链中，每个节点都是一个区块，通常情况下，区块利用二叉树把每一笔交易数据都打包在一起，形成一个散列值。

即使是数据不断增长，也不会影响到区块链的数据存储。因为，在区块链中，区块的大小是被限定在 2MB 之内的，而在以太坊中，区块大小都是根据 Gas 被限制确定。为了限制在每笔交易中的工作量，并且防止 DoSS 攻击，以太坊开发者推出了 Gas 交易机制。

Gas 相当于以太坊中计算成本的单位，在每个区块中，Gas 都被限制一定的数据量，这种数据量被视为计算工作量、交易量以及区块大小的最大值。

2.4.2 数据结构：结构化 VS 非结构化

结构定义完整的区块共同构成区块链，所以它是典型的结构化数据。区块链技术由一串采用密码学算法产生的区块组成。在每一个区块中，都被记录了大大小小的交易记录，区块之间按照时间顺序相互连接从而形成链状结构，也就是区块链的分布式账本。

区块链会把数据库中的存储数据划分成不同的区块。例如，在比特币交易中，矿工在生成一个新的区块时，需要通过前一个区块的散列值以及新交易区块的随机数来计算下一个区块的散列值和随机数。每个区块都利用特定的信息来连接后面的区块链，以此来形成一个完整的数据结构。

区块是使用密码学方法产生的数据块，并且以电子记录的形式被永久存储到链中，这些被存放电子记录的文件就是区块。区块链最主要的数据存储结构就是区块，通常情况下，一个区块包括区块头以及区块体两部分，如图 2-8 所示。

区块头在区块中是一个比较特殊的数据结构，在区块头中包含了版本、块高度、块散列、时间戳等。区块体是能够保存具体信息的位置，在比特币区块链中，区块体主要保存的是一段时间的交易信息。

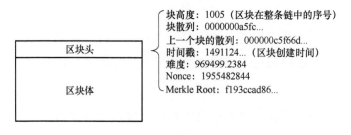

图 2-8　区块的构成

在有的区块链中，区块的结构中还有区块尾，能够保存区块创建结束之后的信息，例如区块的长度、容量等。区块与区块之间通过链连接起来，这属于结构化的构成方式，因此，存储在链中的数据结构也是结构化的。

而大数据需要处理的更多的是非结构化数据。大数据包含结构化、半结构化以及非结构化的数据，而非结构化的数据是大数据的主要构成部分。根据IDC的调查报告显示，在企业中，近80%的数据都是非结构化的数据，而这些数据在每年都按照一定的指数增长60%。

非结构化的数据在本质上是除了结构化以外的数据，它也有自己的内部结构，但是它不通过预定义的数据模型来进行结构化。这种数据可以是文本也可以是非文本，然后被存储在非关系数据库中。

在过去的几年中，人们在大数据方面关注更多的是如何处理海量的数据，从中获得更大的价值，而在这其中，运用到的数据大部分还是结构化的。虽然这些数据体量足够庞大，但是与非结构化的数据相比，它仅仅占到20%，其余的大部分都是以文件形式存在的非结构化、半结构化数据，并且，越来越多的人开始认识到大数据的非结构化特性。

非结构化的数据体量是非常庞大的，并且产生的速度也非常快，因此需要占用大量的存储资源，随着存储技术以及云共享平台的不断发展，用户能够拥有足够的空间去存储庞大的非结构化数据，这也使得非结构化数据在大数据应用中的使用越来越频繁。

此外，新兴技术的不断发展，也使大数据的非结构化特性更加明显。例如物联网、工业4.0等领域的发展也在不断产生非结构化的数据，而人工智能等技术的发展恰好需要这些非结构化的数据来推动其发展。

非结构化数据作为大数据的重要组成部分，在未来会带来前所未有的发展机遇。大数据的分析以及应用都会从结构化的数据向非结构化数据转移，不管是消费市场还是企业市场，也都会产生更多的非结构化数据，然后从中挖掘更多商业价值。

非结构化数据与结构化数据相比，拥有更多优势。从数据的生产、存储、流转、加工、处理，再到最后的分析、应用以及输出，都与传统的数据模式存在明显的区别。在非结构化的数据分析过程中还会产生新的机构以及发展空间，最终推动整个社会的进步。

2.4.3 信息：独立 VS 整合

在区块链中存储的数据要比采用其他存储方式存储的数据更具安全性，最主要的原因还是在区块链中的信息数据都是相对独立的，它们被存储在分布式的账本中。区块链通过分布式存储模式来保证数据的安全性，这使得信息被分割成一个个区块然后独立存储。区块链的分布式存储可以理解为如下内容。

在区块链中，每个参与的节点都可以发起信息，然后与周围相邻的节点之间进行信息的交互，全网公开传递有价值的信息。但是每个节点需要根据共识机制，完成工作量设定，然后取得分布式数据库的记账权，并且，这些记录能够被追溯查询，不可篡改。

数据被分布式存储后，会在记录信息加工的过程中盖上一个时间戳来产生区块数据，通过网络广播出去后，就会在区块链中形成。在区块链中的每个节点都能选择存储完整信息或者部分信息。

既然是分布式的存储方式，还必须解决在存储过程中的一致性问题。在比特币应用中，主要通过工作量证明来解决这一问题，也就是用工作的多少来获得指定成果。在区块链中的所有交易数据都是相对透明的，例如，新加入到区块链中的节点会被分配一个新的密钥，用这个唯一的密钥来保证数据存储的安全性。

每个节点中的信息都是独立的,即使有一部分节点中的信息被盗,也不会影响其他节点信息的安全,这最终还是归功于区块链的分布式存储。

例如,在小微公司的支付联盟链中,核心企业主要包括某银行、公司 A,以及为 A 提供信贷业务的上下游企业。而银行和核心公司能够看见所有的交易数据,因为他们拥有记账节点,而其他企业,只拥有非记账节点,他们只能看到与自身相关的数据。区块链通过这种方式来保证数据的安全性。

在区块链中,不是每个节点都被用来记录信息,记录信息的任务主要由中心节点完成,其他节点主要负责同步被记录的数据,这大大提高了数据的安全性。

与区块链的信息独立性相反,大数据的核心作用就是对信息的整合分析。大数据本身就具有数据来源差异性、高维性及稀疏性的特点,在数据分析时,通过挖掘数据之间的异质性和共同性也是大数据分析的目标。

而在对信息数据进行整体性分析时,通过同时分析几个数据集来避免引起数据模型的不稳定,这也是使大数据发挥最大作用的有效方法。在大数据的数据分析过程中,可视化通过交互式视觉表现方式来帮助人们解决复杂的数据问题。利用可视化的分析能够快速简化和提炼数据流,然后帮助用户交互筛选大量数据,这有利于人们在进行数据分析时能更好地从复杂的数据中获得新的发现,然后进一步开展更深入的数据分析。

在大数据时代,数据分析能够随时进行,并且企业能够根据数据分析结果快速调整战略,通过对所有数据的整合分析,最后的分析结果会更加精确,这比传统的抽样数据分析要更加可靠。

信息数据的数量庞大且复杂是当今时代的数据的特点,数据资源信息非常丰富,这些信息数据主要来源于文本信息、社交网络、移动应用等方面的数据,这些信息资源在形式上主要表现为文本、图像、音频等,通过对这些数据的整合利用,可以使大数据分析发挥出更大的价值。

人们都希望在由普通机器组成的大规模集群上来实现高性能的以机器学习算法为核心的数据分析,从而为实际业务提供服务。随着数据规模的迅速增加,传统的数据分析模式已经不能满足要求,为解决该问题,大规模的数据都被整合在一个服务器集群中，从而解决了超大规模大数据分析的问题。

在大数据的背景下，企业的信息资源需要整合，而这其中的关键就是企业主数据的管理，进一步强化数据的标准化建设，从而实现信息资源模式的统一。在企业的多个业务系统中整合最核心、最需要共享的数据，然后集中进行数据的清洗，采用服务的方式把统一的、完整的、准确的主数据再分享给企业中需要利用这些数据的应用。

把企业的信息资源进行整合的最主要目的就是利用大数据分析以及挖掘技术来实现信息资源的有效利用。在这个过程中，企业通过加大数据技术的部署力度，运用云计算、分布式计算、数据交换、数据仓库等多层次大数据技术来建立一个高质量的大数据平台。

2.4.4 表达方式：数学 VS 数据

区块链试图用数学说话，区块链主张"代码即法律"。区块链技术是一种基于密码学原理构建的分布式数据库，它的本质特征就是利用去中心化以及去信任的方式来维护一个可靠数据库的技术方案。

该方案能够允许区块链系统中所有节点都可以备份区块链的完整副本，过一段时间后，系统会选择出在这段时间内记录信息最快的节点，该节点采用密码学技术进行计算和验证，然后把这段时间内的所有交易信息和区块链中的"数字签名"都记录到一个新的区块中，最终形成新的区块链副本。

区块链作为一种全新的分布式基础架构以及计算方式，通过块链式数据结构来验证及存储数据，并且利用分布式节点共识算法来生成新的数据，采用密码学的方式来保证数据的传输和安全。

区块链技术的原理来源总体来说可以归纳为一个数学问题——拜占庭将军问题。拜占庭将军问题在互联网中的应用可以这样来解释：在互联网时代，如果想要和完全陌生的对方进行价值交换，如何防止为了不被其中的恶意破坏者欺骗而做出错误决策情况的出现。

把该问题运用到区块链技术中，在缺乏可信任的中央节点以及通道的情况下，要使分布在网络中的各个节点都达成共识才能使用。区块链技术正好解决了该问题，它提供了一种不需要任何新人的单一节点，此外，还能提供创建共识网络的方法。

从信任角度而言，区块链主要是采用数学方法解决了互联网时代的信任问题。在传统时代，人们主要依靠"熟人"来解决信任问题。

而在区块链技术中，所有的规则都是通过数学算法程序表现出来的。人们在进行交易时，完全不需要了解对方的身份就可以进行交易，也不需要第三方机构来提供交易背书，只要通过信任的数学算法就可以建立彼此之间的信任。所以说，区块链技术利用算法来为人与人之间的交易提供信任基础，达成共识背书。

在大数据时代，大数据试图用数据说话。目前，大数据越来越受到人们的关注。大数据包含了一个公司中的大量非结构化数据以及半结构化数据，这些数据如果采用传统的数据分析方式会花费更多的时间、物力、财力。

随着各种创新技术的发展，大数据的优势越来越明显，已经被广泛应用到电商、物流等各个领域。利用大数据，能够帮助企业开拓新的业务，创新运营模式。例如，在电商领域，利用大数据可以分析消费者的消费行为，进而对产品的销售量进行精准预测，从而改善和优化企业的营销模式。

大数据将给我们带来3个颠覆性的变化。

（1）在大数据时代，我们可以分析大规模的数据，甚至是全部数据，不再依赖于随机采样，这不仅提高了数据分析的精确性，还拓宽了我们进行数据分析的思维。

（2）由于之前分析的数据很少，所以我们会尽可能地去量化记录。但是现在研究的数据有很多，因此，我们也不再仅仅只追求结果的精确度，不需要再对一个现象刨根问底，而只需要掌握大体方向，在宏观方面得到进一步发展。

（3）我们也不再仅仅通过数据寻找事物之间的因果关系，而是去寻找事物之间的相关关系。这种关系可能不会告诉我们事情为何发生，但会提醒我们事情正在发生。

在大数据时代，数据成为社会发展的基础，一切都需要依靠数据说话。

2.4.5 数据本质：直接 VS 间接

区块链系统本身就是一个去中心化的分布式账本数据库，无中心存在，因此它可以说是一种直接的数据。在区块链中，数据存储的所有节点都会同步复制整个账本，从而使信息变得透明难以被篡改。

区块链作为一种结构最简单的数据库，安全是其最大的特点，一方面，由于它的分布式存储架构，数据存储的安全性会随着节点的增加而增加；另一方面，它具有防篡改以及去中心化的巧妙设计，任何人都难以修改数据，这也是它作为直接的数据库的优点所在。

例如，在网购中，传统的模式是消费者购买商品，然后把款项打到第三方支付平台中，等商家发货、消费者确认收货后，消费者再通知支付机构把款项打到商家账户。

把区块链技术应用在网购中，消费者和商家之间能够直接进行交易，不需要再通过第三方中介平台。双方交易之后，系统会用广播的方式来发布交易信息，收到信息的系统会在信息无误的情况下记录这笔交易，所有的系统都对这次交易进行了备份。这样，即使某个系统出现问题，也不会影响到数据的记录情况。

在区块链的分布式存储中，最基本的单元是区块，区块采用的是链式结构，区块与区块之间都是相互联系的，因此，人们可以追寻到所有在链中的数据。从数据的角度来讲，区块链作为一种分布式数据库，通过链式存储解决了很多存储问题。

区块链的"账本"与传统数据库中的"日志"相类似。区块链的设计机制与传统的数据库也存在一定的相似性。例如，从传输与存储角度来讲，区块链的链式结构都来源于传统数据库的事物日志。

区块链采用分布式账本来保证数据传输和访问的安全性，通过能够自动执行的智能合约对数据进行编程以及操作。在区块链的分布式账本中，主要存在3种属性。

数据的一致性，也就是在分布式环境中，多点的数据都是一致的；数据的可用性，该账本具有很好的响应功能，每个操作都能在确定的时间内返回，系统随时可用；数据的可靠性，如果出现了网络分区（如断网、分离），系统也能正常运行。

但是，在区块链的分布式系统中，不能同时满足一致性、可用性、可靠性3个属性，最多只能同时满足其中的两个属性。

而大数据侧重的是对数据的深入挖掘以及分析，因而可以说是一种间接的数据。

数据挖掘是大数据时代最关键也是最基础的工作，通常情况下，人们需要从大量的数据中深入挖掘出隐含的、潜在的有用信息，从而使分析结果更加精确。在大数据时代，数据挖掘的核心和本质就是应用、算法、数据以及平台。

数据挖掘来源于实践，大量的数据都产生于日常的应用中。因此，在挖掘时，需要把具体的应用数据作为驱动，算法、工具和平台作为支撑，将挖掘的信息再应用到实践中，从而再为大数据提供量化的、合理的、具有价值的信息，整个过程下来可以说是循环往复的。

在对隐含的数据进行挖掘时，需要设计以及开发相应的学习算法。算法的设计以及开发需要以具体的应用数据作为驱动，然后在实际的问题中得到应用。算法的实现和应用也需要一个高效的处理平台，这个平台能够解决数据的波动问题。

数据挖掘算法具有多个层次，不同的层次研究不同的内容。例如，利用数据融合技术来处理稀疏、异构、不确定、不完整的多来源数据；通过局部学习以及模型融合得到全局知识，并把相关信息反馈给预处理阶段等。

在大数据时代，数据分析也必不可少。只有对庞大的数据进行系统科学的分析，才能使这些数据发挥出更大的价值。大数据具有非常明显的优势，在对数据进行挖掘以及分析的过程中，需要对大容量的数据、分析速率等问题进行详细的分析及掌握。

在进行数据分析时，需要利用一定的工具和专业知识。因为最初的数据分析都来源于统计学家和经济学家的一些理论，然后结合一定的实际应用场景来解决问题。

在大数据时代，数据量大、数据类型多、价值密度低、处理速度快是其最明显的特点。在这个时代，数据分析算法也日益成熟，统计学、数据分析技术被引入大数据的处理过程中，起到了非常重要的作用。

数据统计分析是在数据分析时经常采用的手段，它的信度系数检验、关联性分析、数据的离散性分析都被广泛运用。此外，遗传算法、神经网络、语义分析等数据处理技术也日渐成熟。这些都为大数据发挥价值提供了帮助。

在大数据的应用中，数据挖掘与分析成为了数据应用的必备条件，也是大数据时代数据处理的关键。

2.4.6 数据特点：匿名 VS 个性化

在区块链中存储的数据都是匿名的，这就大大保护了用户的隐私。

在比特币区块链中，每笔交易数据都是公开透明的，但是，其他人无法获知这笔交易到底是谁进行的。在比特币的技术体系中，区块链可以提供一种简单机制，这种机制允许用户可以有无数个代号，并且每个人的代号只有自己知道。即使某个代号被其他人认出，也不会影响到其他代号的匿名性。

从理论上来讲，用户在进行每一笔交易时，都使用一个独立代号是最安全的。这与打匿名电话相类似，打完一通电话后不再使用该手机号，而再换一个新的手机号打，这种方式很难被追踪到。采用独立代号的形式能够有效实现匿名性，对于涉及敏感数据交易的场景非常实用。

有的学者和机构试图用三种方法来增强区块链的匿名性：P2P 混合机制、分布式混淆网络、零知识证明。

P2P 混合机制和分布式混淆网络主要被用来对区块链中不同用户间的资金关联进行截断，从而使资金流分析失效。

零知识证明技术的匿名程度相对较高，它想要发挥匿名性必须满足三个条件：完整性，如果论述真实，遵循协议的一方能够通过一个诚实的验证者来验证事件是否真实存在；可靠性，如果论述错误，不遵循协议的一方无法让诚实的验证者来证明事件是真实存在的；零知识，如果论述真实，欺骗性的验证者无法获得事实之外的其他信息。

但是，目前这些区块链的新匿名技术还不成熟，仍然需要进一步的探索。

而大数据是在多源异构、跨域关联的基础上对庞大的数据进行分析所产生的决策流程、商业模式、教育理念等形态上的综合。在大数据时代，数据本身就是一种"原材料"，是由人类生产出的数据产品。提供数据分析服务的前提就是有数据可以加工。

大数据时代最显著的特征就是个性化，也就是通过数据能够为每个终端消费者提供专属的产品以及服务。例如，在互联网中，它的发展经历了从门户网站到社交网络，再到个性化应用三个阶段。随着数据采集、存储以及分析技术的发展，个性化也为数据插上了规模化以及自动化的翅膀。

不管是哪个行业都在面临大数据带来的机遇与挑战。而数据储备及分析能力也将成为企业最核心的战略能力。

第 3 章

区块链与大数据技术创新融合

随着共享经济时代的到来,"区块链"和"大数据"的热度越来越高,两者被同时提起的次数也越来越多。有人认为区块链技术终会颠覆大数据技术,但实际上,区块链技术和大数据技术的创新融合才是大势所趋。

大数据面对的是海量数据,重点在于数据的广度和数量,以粗糙的方式统计分析,注重相关关系而非因果关系;而区块链技术面向的数据更小,处理方式更细致。区块链技术可以解决当前大数据的技术瓶颈,大数据也为区块链提供了技术环境。两者各有所长,互相融合才能够更好地为共享经济服务。

3.1 区块链+大数据 VS 大数据+区块链

将区块链和大数据融合运用,就面临着把谁当作主体的问题。一种是把区块链当作基础设施,大数据作为数据资产在区块链网络中进行交易,即"区块链+大数据";另一种是把大数据技术作为主体,区块链在其中作为数据采集和共享的新技术或为大数据提供数据源,即"大数据+区块链"。两种技术各有侧重,运用的领域也不尽相同。

3.1.1 在区块链中融入大数据技术

区块链从本质上讲是一种分布式的数据库,这种数据库没有管理员,是彻底去中心化的。其散列算法的唯一性和区块的联动性保证了区块链数据库中的数据具有不可篡改性,也进而保证了区块链技术的可追溯性和安全性,将更多的数据解放了出来。这是区块链技术得到重视和运用的前提。

随着区块链技术的不断发展,区块链涉及的领域将会越来越多,区块链中数据的种类和数量也会大幅增长。而区块链的优势在于实现数据的完整记录和不可篡改,但对于数据的统计分析能力比较弱。当数据规模越来越大时,区块链必然面临技术上的不足。由于对海量数据的存储和迅速统计分析正是大数据技术的强项,如果能够在区块链技术中融入大数据技术就能够极大地发掘区块链中的数据价值和使用潜力,那么在区块链中融入大数据技术也就是必然的了。

单纯的区块链技术的应用范围其实非常有限,因为区块链的数据写入效率非常低,每写入一个新的数据之前计算机都要经过大量的计算,再加上同步所有节点的数据所花的时间,让区块链每生成一个新的区块的速度非常低。

有限的速度导致了单纯的区块链项目不能够让写入的数据即时使用,一个区块链数据库往往没有实际用途。BigChainDB(巨链数据库)项目则正是在区块链技术上结合了大数据技术,填补了这项空白。

BigChainDB 项目发布了一个可用的去中心数据库 IPDB(Interplanetary Database,星际数据库)。它具有去中心化的特点,存储的数据具有不可变性,同时还可以完成创建和交易数字资产的任务。

以区块链为基础构架,IPDB 融合了大数据技术,数据写入速度大大提升,能够达到每秒百万次,同时还具备了存储 PB 量级规模的数据和响应时间达到亚秒级的性能。在大数据技术的支持下,BigChainDB 项目能够承载超大规模企业级别的区块链数据库,突破了现有区块链项目的每秒交易数量和数据规模的等级。

由于具备区块链技术数据不可篡改的特性，BigChainDB 项目的数据库中的数据不能被随意删改，数据的稳定性和安全性得以保障。

巨链数据库的 CTO Trent McConaghy 表示，"我们计划建立一个无服务器的世界。我们将 IPDB 的监管力度和透明度与巨链数据库的技术相结合，旨在提供一个去中心化的实际方法，而未来，我们将提供更广阔的去中心化服务。"

随着越来越多的人支持互联网去中心化，越来越多的国际峰会组织也开始积极探讨这一可能性，比如 McMullen 与互联网档案馆（Internet Archive）联合组织的去中心化互联网峰会（Decentralized Web Summit）等。这类会议的举办都预示着去中心化的区块链技术将会得到越来越多的关注和应用。

在区块链中融入大数据已经有了许多实际生活中的例子。Compete Chain 在区块链基础上融入大数据技术，改善了游戏产业。在 Compete Chain 建立的游戏生态体系中，推出了一款依托于区块链技术的道具，它能够点对点地传输数据，在游戏中实现去中心化的支付方式，给玩家带来更加安全的支付环境。同时 Compete Chain 在区块链中融入了大数据技术，用大数据分析技术为系统上层应用提供多种数据支撑。

在系统中，由于结合了大数据技术，Compete Chain 的区块链智能合约系统也发挥了巨大的作用。在大数据的助力下，智能合约能够为多种竞技游戏业务场景提供定制模板，同时还可以为用户提供用以封装智能合约的 API，以方便用户在各种场景下自定义智能合约。

区块链技术作为一种分布式存储技术，从本质上看属于计算机底层技术。由于其链上的每一笔数据都可以溯源，区块链上的记录可以明确各项交易历史和各方贡献，有助于数据价值定位。如果在区块链中融入大数据技术，区块链上的数据就可以借助大数据技术的分析预测功能作为大数据预测的数据补充，也可以用于金融等行业的风险控制，进而实现价值变现。

区块链的去中心化特点保证了数据的不可篡改性，它的运用能够解放出更多数据，助力大数据的运用。在区块链的技术中融入大数据技术，在能够保障数据的可追溯性的前提下提升了数据库的存储能力和分析能力，并让区块链数据也能发挥作用，实现变现，极大地扩大了区块链的运用范围。

3.1.2　在大数据中融入区块链技术

随着大数据产业的发展，大数据行业也渐渐和互联网、云计算、物联网等新技术结合，将数据的价值发掘提升到了一个新的高度。

大数据技术处理数据时，有三个核心理念：一是要全体样本而不要抽样数据；二是要效率而不追求精确；三是要相关关系而不要因果关系。

但大数据并非是全能的，它面临的困境也非常明确——数据的隐私性保障和数据孤岛的出现。在数据价值越来越大的今天，数据资源在开发利用过程中面临的隐私保护问题和数据开放共享问题存在着矛盾。

开放数据共享，企业可能暴露行业机密，个人担心隐私被泄露，数据的隐私性保障就是大数据面临的第一道关卡。如果不开放共享，数据就无法流通，是一堆没有价值的数字，即形成了数据孤岛。

另外，在数据流通过程中还有一些需要解决的痛点：数据的归属权无法准确界定，数据的质量标准无法统一，数据来源无法保证真实性等。这些问题不得到解决，大数据的发展就无法突破瓶颈。

大数据技术的核心思想仍是集中式的数据库技术，而与之对应的分布式数据库的典型代表就是区块链技术，区块链技术为大数据面临的瓶颈提供了解决方案。

首先，区块链的去中心化保证了数据流通的透明性，用户可以明确地看到自己的信息流通过程，阻止了信息被滥用的情况发生。

其次，区块链有助于破除大数据的孤岛效应。所谓的大数据孤岛效应，是指互联网公司在没有完全做到大数据共享的情况下形成的"大数据集中"的问题。在大数据孤岛的作用下，只有极少数大型公司的掌控者才具有对数据资源的使用权，而数据的生产者即普通的互联网用户反而并不能使用这些数据。

很显然，大数据的孤岛效应非常不利于降低全球市场的信用成本。而区块链分布式账本的本质保障了不会有掌控所有数据的管理员角色出现，每个互联网用户在数据面前都是平等的，这样就破除了"大数据集中"的孤岛效应。

由于区块链的数据写入程序散列算法保证了数据库中数据的唯一性和透明性，区块链也就保证了数据的归属是一定的。通过区块链，所有的数据都可以一一溯源，既可以保证数据的归属权，又可以考察数据是否真实有效防止虚假信息，也有助于统一数据的质量标准，上文所提到的各个痛点都在区块链的帮助下得到了完美解决。

在大数据中融入区块链技术的典型实例多发生在金融行业。例如一家由47家日本银行组成的财团与一个名为 Ripple 的集体创业公司就曾签署协议，希望将区块链技术运用到银行账户的汇款项目中，以此来降低实时交易成本。

区块链技术能够降低实时交易成本的原因是它能够降低客户发生双重交易的概率。所谓"双重交易"，就是指同一笔资金发生了两次交易，是交易失败的一种形式。

传统实时交易排查双重交易风险的技术就是通过大数据进行分析统计，大数据分析成本高带来了汇款交易的手续费高。假如在大数据分析中引入区块链技术，就能够利用区块链数据的可追溯性快速锁定资金数据，大大提高效率，降低交易风险和成本。

除了降低银行业的交易成本，结合了区块链技术的大数据分析还能够帮助企业加强数据管理安全。例如2015年的黑客攻击，造成了超过1亿患者的医疗信息泄露。如果有区块链的技术支持，黑客在每个级别的数据访问中都会惊动多个用户，这样就能提高黑客被发现的概率，防止信息泄露。

大数据的运用范围越广，技术上的限制也就越明显。只有在结合了区块链技术后，大数据技术才能突破现阶段的瓶颈，开启新技术时代。

3.2 区块链助力大数据采集、存储与分析

区块链既然本质上是一种数据库技术，那么就有着所有数据库的本质特性：采集、存储与分析数据。而大数据技术能够有用武之地的前提就是有足量的、不断更新的数据产生，区块链作为数据库的一种，必然能够为助力大数据技术

发展出一份力。

由于区块链的分布式数据特点,每一个节点的数据变动都会造成全体节点的变化,也就是说区块链中的数据具有互相联系、无法篡改的特点,这也就保证了区块链数据的可追溯性和安全性。

基于这些特性,区块链帮助解放了更多数据参与到数据共享中(因为不用再担心数据资源被滥用而找不到责任人),为大数据技术提供了数据采集上的技术突破,也因为数据的可信任度高给大数据提供了数据存储的新技术,还因为去中心化的特点给数据分析带来了新突破。

3.2.1 数据采集:区块链解放更多数据

在使用区块链技术之前,大数据的数据资源主要集中在少数大型互联网公司的手中,出于利益和安全考虑,这些数据并没有做到完全意义上的共享。例如电商平台的用户搜索数据不可能轻易与社交平台发生共享,以减少用户隐私泄露的概率。

同样是基于利益和安全的考量,还有相当一部分数据没有被运用到大数据处理中,比如科研行业的计算数据等。但是数据资源的开发利用只有基于更多的数据才能得到更深入的分析结果,这也就意味着需要寻求一个更好的解决办法来帮助解放出更多数据。

除了发生共享的数据资源有限,以交易形式流通的数据也存在问题。中国互联网电子数据研究院研究员、保全网联合创始人王毛路表示,现在的数据交易存在许多根源上的痛点没有解决,现有的大数据交易所完成的交易是点对点传输的交易,不能达到使数据多元融合的结果。数据不能融合,就无法产生符合各种需求的数据产品,数据的价值也就没有体现。

为什么数据交易无法完成数据的融合呢?这是由数据的特殊性决定的。与商品不一样,数据因为具有可复制性,在交易中容易发生所有权交接不清晰的情况。

例如,A公司作为卖方和B公司产生交易,如果是普通商品,一旦钱货交割明确，商品的所有权就从 A 公司转移到了 B 公司；但如果买卖的是数据资源，当交易达成后，数据的所有权理论上应该是 B 公司，但实际上 A 公司依旧会拥有这批数据，这就发生了数据所有权交接不清晰的情况。因为这种隐患的存在，大数据交易的买卖双方以及中介都是互不信任的，这显然也是大数据流通的阻碍之一。

无论是出于数据安全性的考虑，还是大数据交易现存的困境，都明确地传递出一个信息：大数据急需新技术来保障数据的采集和流通。那为什么区块链技术能够解决这些痛点，帮助释放出更多数据呢？这还要从区块链技术的"时间戳"说起。

时间戳的定义是"一个能表示一份数据在某个特定时间之前已经存在的、完整的、可验证的数据，通常是一个字符序列"，通俗来讲，就是能够证明某个数据的一系列变动的字符串，通过该字符串的解读就能够确认某份数据的来源和变化情况。由于这个字符串会记录数据随时间的每一个变化而且无法消除，就像戳印一样给数据盖了章，所以被称为"时间戳"。

区块链是分布式账本的形式，每一个节点的数据发生变化时，都需要其他节点共同验证并记录。这样一来，区块链数据的每一个小变化都将被全体节点一一打上时间戳，记录在案。时间戳的存在，保证了数据的可追溯性。每一笔数据的产生和流动，都将被时间戳诚实记录并得到全网公证。

一方面"加戳"使得数据的产生和变动会告知全网，保障了数据流通过程中的透明性和可查性。在这样的条件下，即使不知道数据的具体内容，交易者也能及时查出该笔数据的源头在哪、产生过几次交易、是否被人使用过以及是否还具有利用价值等信息，原有的中介对数据进行复制的隐患也不复存在。这样一来，就能解决大数据交易中的数据所有权的问题，帮助扩大大数据交易的规模。

另一方面，区块链技术会将数据进行多重加密，数据内容被查看的记录也会被时间戳记录下来。一旦出现问题，就可以通过时间戳的记录迅速锁定进行过相关操作的人，大大加快了责任认定的速度。这样一来，窃取数据的行为就无法隐形，数据安全也就得到了保障。

1997年，密码朋克成员哈伯和斯托尼塔最先提出用"时间戳"的方法来保证数字文件安全，并发布了相关协议。在协议中，哈伯和斯托尼塔对"时间戳"的简单解释是一种用以表达文件创建顺序的代码，同时协议还规定一旦文件创建成功，其时间戳就不能改动了，这样一来，文件就不可能被篡改。

哈伯和斯托尼塔提出的这项安全协议就是后来比特币区块链协议的原型，因此区块链技术具有了时间戳的特点，区块链上的数据因而也就有了去中心化、不可篡改、高透明、可追溯的特点，而这正是区块链能够解放更多数据进入大数据共享时代的关键所在。

百度公司应用了时间戳来保障原创图片的权益。百度上线了一款区块链原创图片服务平台"图腾"。该平台采用了百度自主研发的区块链版权登记网络，配合以可信时间戳和链戳双重认证，将上传的每张原创图片都生成唯一的"版权DNA"，登记在区块链网络中。这样一来，所有原创作品都可真正实现溯源追踪。除此之外，图腾还可以与区块链图片存证系统和维权工具"版权卫士"共同合作，对原创作品进行流向监测，监督盗版行为。

一位百度区块链的内部人士表示，"这款产品将是区块链的'急先锋'，可为入驻用户提供确权、监控、维权的一站式服务，并且入驻时无须缴费。"

据报道，图腾已经和视觉中国、壹图等五家图片机构展开了合作，实现原创作品的版权保护。可以预见，随着人们的版权意识逐渐提高，百度图腾绝不会是唯一一家运用区块链技术实现版权保护的平台，未来市场上会有更多的企业利用具有时间戳的区块链技术实现数据的确权和溯源。

图腾的成功应用说明了区块链技术的时间戳确实可以实现数据的溯源追踪。同样的，区块链就可以在时间戳技术的配合下为所有数据打造一个可追踪的平台。这样一来，现有的数据就可以安全地流通，大数据的采集也就变得更加容易。

在以区块链技术为基础的网络中，数据资产一旦通过区块链技术注册后，时间戳的存在会使其来源、交易记录都成为全网公示可查的信息，并且可以追溯，这样数据安全就有了保障。有了保障，更多的数据资源才能够被放心释放出来，参与到大数据技术中，大数据的采集困境也就得到了解决。

3.2.2 数据存储：区块链是强背书的数据库存储技术

大数据的一大特征就是海量数据。数据量大，就对数据库的性能有了更高的要求。首先是能够存储足够多的数据，其次是保证数据稳定不能被篡改，还要保证数据质量高、可使用，不是无效数据。

现在大数据技术的核心思想仍是集中式的数据库技术。这种数据库要想能够存储足够多的数据，就需要大量的硬盘空间，这对计算机有较高的要求。即使能够存储海量数据，为了满足保证数据稳定不被篡改，集中式数据库就需要有快速查找数据并进行验证的能力，这在数据量过多的情况下是很难做到的。

另外，集中式数据库由于没有办法确认写入数据的来源，自然也就没有办法达到保证数据质量的要求。这些不足是由集中式数据库本身的特征决定的，如果不改变数据库"集中式"的特征，就没有办法解决这些问题。区块链技术作为分布式数据库的典型代表，正好能够为这些不足做出弥补。

要想理解区块链的存储优势，还要从分布式存储技术开始介绍。

顾名思义，分布式存储依旧是数据存储技术的一种。分布式数据库和普通集中式数据库的不同之处在于前者的数据并不存储于某一孤立的数据库，它可以通过网络使用每台计算机上的磁盘空间来存储数据。

在分布式存储技术中，系统内的所有计算机共同构成了一个虚拟的存储设备，数据被分散地存储在网络的各个角落。如果把数据资源比作鸡蛋，分布式存储技术的做法就是把鸡蛋（数据资源）分开放入不同的篮子（硬盘空间）中，降低了因为鸡蛋（数据资源）日益增多带来的篮子（硬盘空间）容量不足的风险。

分布式存储技术虽然将数据资源分割存储，但是并没有影响数据之间的联系。相反，由于分布式存储技术中的每个节点（计算机）都是互相验证互相联系的，每一个节点的数据资源信息都会在其他节点处有所反映。

一旦有某个节点的数据和其他节点处不同，就能够迅速被查出。由于这些节点设备成千上万，拥有者几乎互不认识，也就不存在通过篡改全网节点数据来修改某一数据的可能。基于这种共识，以分布式数据存储技术为核心的区块链技术成为了数据库的强信任背书。

下面以最火的虚拟货币比特币为例具体说明区块链的数据存储能力。比特币是基于去中心化的思想的，所以新的比特币的产生和发生的交易记录就不能够集中存储在一个数据库中，只能存在世界上所有的电脑中。

看起来这种方式极为简单粗暴，每一台电脑似乎都有资格存储比特币的所有交易记录，但是实际上只有赢得了区块链系统中算力竞赛的电脑才有资格获得比特币和比特币交易记录，也就是说能够参与到写入数据中的电脑都是有着优秀的数据处理能力的，这样就保证了系统中不会出现性能不好的电脑，避免了后期的隐患。

算力竞赛限制了进入区块链系统的性能门槛，但却没有限制能够进入其中的电脑的数量。只要电脑的数据处理能力够强大，就可以得到参与记账的机会。因此，区块链中能够容纳的电脑数量并没有上限，也就是说，区块链系统拥有存储海量数据的潜能。

随着比特币发行数目的增多，参与比特币交易的电脑数目也在增多，这样比特币的每一笔交易记录都有足够空间来存储。如果对某一笔交易有疑问，可以通过数据追踪，一直查到该比特币的产生记录。

由于区块链分布式记账的特点，没有一个唯一的中心系统来记录所有交易，相反，所有的计算机互相验证保证某次比特币交易是首次出现，那么世界上每一笔比特币的交易都会由区块链中所有电脑进行记录。在这种情形下，交易记录几乎不可能被篡改，交易数据的可信任程度也就大大提高。

从首批比特币发行到至今，在没有第三方平台扶持的情况下，比特币系统已经平稳运营了10年，区块链中数据的可信任性得到了强有力的事例支持。除了区块链的交易，实际生活中的金融交易也应用了区块链技术来加强数据库的可信任程度。

LINUX基金会曾联合IBM开发了一款叫作HyperledgerFabric的分布式账本平台方案，并升级发行为1.1版本。该平台以区块链为底层架构，开发了新式的背书共识分离的多链条多通道架构，能够将交易的合约执行、区块验证和成功交易数据写入账本操作互相分离,用以提高业务适应性和速度。

在该平台中,数据可以实现私有化,交易信息仅有交易的参与方才能够看到。而且由于支持各种状态的数据库和文件类型,系统的协同程度也大大提升,从而加快了交易速度,一般状态下交易数目可达 300 笔/秒,最佳状态甚至可达 1,000 笔/秒。

由于数据基于区块链具有可追溯的特点,可信任度高,且交易速度够快,该系统已成功在资产托管等中低频次金融场景获得了应用。

无论是起源于比特币的基础区块链技术,还是后期更新改进应用于金融的区块链技术,都是基于其分布式账本的特点的。在分布式账本中,数据由全网验证通过后写入,拥有着整个系统中的信任支持。

基于分布式账本理念的区块链数据不可篡改、来源可查,数据质量也就有了保证。区块链技术能够为大数据的存储提供强有力的信任背书,将会使数据库的发展进入一个新时代。

3.2.3 数据分析:区块链授权研究机构才能访问数据

数据的价值在于通过分析数据能够得出来有用的结论。如果没有强大的数据分析做支撑,大数据也只是一堆无用的数字而已,所以说数据分析是实现数据价值的最重要的一步。那么在数据分析的同时保障数据信息不被泄露也就成为了需要面对的一大难题。

普通的加密技术可以保证数据不以最初始的形态出现,但是如何保证加密后的字符串能够保留原始数据所包含的信息呢?如果只是为了加密而加密,最后呈现在数据分析师面前的就会是一堆毫无意义的乱码,只有重新解密把数据还原才能让数据分析师获取信息。这种加密方式在本质上不仅没能成功降低数据泄露的风险,还浪费了大量的时间和资源。

担心数据信息被泄露并非杞人忧天,大型数据信息被泄露的新闻数不胜数。美国五角大楼曾因服务器 AWS S3 配置错误泄露了美国国防部的分类数据库,从全球搜集到的 18 亿用户的个人信息遭到泄露;Uber 公司曾主动承认工程师的账号密码被黑客盗取，5,000 万乘客用户的个人信息和 60 万司机的驾驶信息被窃取；以校园贷赚取了大量学生细致信息的趣店数据疑似外泄，众多用户的隐私信息失去保障……

从政府机构到普通软件，其中存储的信息都有过泄露的负面新闻。再加上指纹分析技术和基因数据检测大数据的推广，数据安全成为民众最担心的事情：如果没有完善的加密系统，如何放心上传我的健康数据？万一数据泄露，我是否能够及时得知避免更多损失？这些顾虑让大数据分析技术急需获得新的手段支持。

为什么说区块链技术能够弥补上述大数据分析的短板？这是由区块链的加密技术、多签名私钥和安全多方计算技术决定的。

1. 加密技术

在区块链中，每一个新区块的区块头都包含了前一个区块的全部信息，这个区块头通过散列算法获得一个唯一的散列特征值。由于散列算法的存在，所有的原始数据会被转化为一个 256 位的二进制数字，这个算法是不可逆的，也就是说，只通过结果值无法反向推导出初始数据。这种技术恰好满足了大数据的加密条件，避免了原始数据被泄露。

2. 多签名私钥

如果为进行了散列计算的数据使用数字签名技术，即增加多签名私钥，就可为访问数据的人多设一重验证。用户通过数字签名，为自己的数据增加了私钥，既可用来证明数据的所有权属于自己，也可将数据访问权限定在获得私钥授权的人或机构中，泄密的概率就会大大降低。加上区块链保证了每次有人访问数据库，都会由全网共同监督记录他的行为，因此一旦发生侵权行为，就可立刻认定责任人，减少后续损失。

3. 安全多方计算技术

所谓"安全多方计算技术"，就是指一种在保护输入数据私密性的前提下实现用户要求的计算技术,也就是在不透露原始数据的情况下进行数据分析。

举例来说,某人想要在不暴露隐私的情况下知道自己的 DNA 中是否具有某样遗传病,如果直接提交自己的 DNA 样本给相关机构就无法保护自己的隐私,利用多方安全计算技术就可完美解决这一问题。

结合了多方安全计算技术的区块链技术可以在不访问原始数据的前提下进行运算,既保护了用户的隐私,又让科研机构能够分析人类健康数据,为解决人类疑难杂病提供便利。

区块链技术在电子病历上的应用极具代表性。电子病历由于存有大量疾病样本的临床信息,如果能够流通,就会推动医疗健康领域的技术进步。但由于病历含有大量隐私,许多人希望医疗机构是在自己允许的情况下访问自己的病历。

区块链技术的融入就恰好能够满足这样的要求。根据媒体报道,在美国,由国家卫生信息技术协调办公室(Office of the National Coordinator for Health Information Technology)主导的电子病历(Electronic Medical Record, EMR)共享试验已经获得较好成绩,进入了应用阶段。

EMR 共享是基于区块链模型的,它具有较强的可扩展性。在系统中,每一个区块都记录有患者的唯一身份识别信息、经过加密后上传的病历以及病历对应的时间戳,三组数据互相对应以防止非法篡改。

为提高数据流通效率,区块中还附以标签记录原始数据格式等元数据内容。数据库支持各种格式的医疗数据,并以加密技术和数字签名技术结合来防止数据泄露。当医疗机构为病人开出一份 EMR 时,系统就会自动生成一个数字签名来验证该机构是否具有相应资格,如果具有资格,该 EMR 中的数据就会被加密然后传输至 EMR 区块共享链上。

同时,EMR 共享区块链对上传后的数据在访问方面的限制非常严格,只有用户可以决定谁能访问自己的病历及修改病历中的相应的数据,并且随时可以查阅到何时何人访问过自己的电子病历。

因为上传数据后,系统会生成一个包含患者唯一身份识别信息的代码并只告诉患者本人,只有知道这串代码的人才能访问相应电子病历,也就是说只有得到了授权的人才能够访问。

人们对互联网数据保护的要求越来越高，这也就导致更多的科研机构和企业开始探索利用区块链弥补大数据现有的技术缺憾，实现数据流通。

区块链技术能够保证数据被充分加密保护，并且通过私钥手段保证只有得到授权的机构才能访问数据，这样会大大提高数据分析过程中的信息安全，给大数据分析带来新的突破。

3.2.4　区块链推进基因测序大数据产生

基因是每个人生命的源码，蕴含着人类生老病死的全部信息，基因的共性和差异带来了人类的共性和差异，有血缘关系的人通常会长得相像就是因为他们的基因具有相同的片段。除了样貌上的异同与基因有关，疾病的出现同样由基因操控。

诺贝尔生理学奖获得者利根川进博士曾经说过，"除了外伤，一切疾病都与基因有关。每个人与生俱来都携带患有某些疾病的内因——疾病易感基因。"也就是说，如果人类能够充分了解人体基因背后的秘密，通过针对性手段就可以抑制疾病的表达，从而从真正意义上预防疾病。

人类从意识到基因的存在开始，就没有停止过对基因的研究，基因测序技术希望找出人类的每一个基因片段对应的性状表达并将基因一一定位。经过13年的研究，人类基因组的草图于2001年完成，一共耗资4.37亿美元。

随着计算机技术的发展，基因测序技术也在不断完善，第一个完整人类基因组序列图谱诞生于2007年，用时3个月，花费也降至150万美元。随着基因研究的深入，有越来越多的科学家看到了将基因研究成果运用到临床的美好前景，基因测序也成为了医疗健康领域最受关注的前沿技术之一。

随着大数据技术的发展，基因测序技术借助大数据分析获得了许多突破，但同时也因此遭遇了许多困境。例如，无法获取足够多的健康数据以供分析研究，数据在各个课题组之间的共享不顺畅，互联网上有大量有价值的健康数据难以汇集统计，普通用户无法从基因测序中获益……

通过列举可以发现，基因测序技术遭遇的这些困境大多是因为大数据技术本身的缺陷导致的，如果解决了大数据技术的缺陷，基因测序技术的这些难题就迎刃而解。既然区块链可以弥补大数据技术的这些不足，那么将区块链技术运用到基因测序技术应该也能够推进基因大数据的产生。

在我国，华大基因公司当属基因行业的龙头公司，在区块链技术备受关注的情境下，华大公司也创新性地将区块链技术和基因技术结合在一起，形成了一个新的项目——GENE及其附带产品基因挖矿盒。

GENE是基于区块链技术及其去中心化的信任共识方式的平台。该平台不仅能够存储基因大数据，而且能够以匿名上传数据和个人私钥相结合的方式保障用户隐私安全。在收益方面，GENE项目组还发布了模拟比特币的虚拟加密货币GENE及其挖矿工具基因挖矿盒。

在该平台中，GENE是各个参与方的贡献价值量化方式和交流单位，对应的基因挖矿盒则是基因数据收集工具，收集基因数据的速度越快，获得的GENE越多。通过对基因数据上传和分析的金融化，可以激励数据贡献者和科研人员以及投资者投入更多的人力物力来推动基因测序技术的研究，同时也为数据明码标价，给了购买数据方一个更直观的消费参考标准，这样就能够为基因数据的交易打造一个更公正的环境。

无独有偶，GeneData团队也致力于实现大数据技术和区块链技术的创新融合，希望能够打造一个全球基因共享数据库，以此推动精准医疗的服务。

在这套系统中，基因的数据处理是闭环的，个人用户一旦将自己的基因数据上传到GeneData的数据库中，基因数据就会被加密，无法破解。如果医生需要查看这些数据，用户可以提供一个限时访问的密钥；如果是研究机构或者药企等希望访问数据，就需要向用户付费购买。

通过这种方式，用户基因数据的安全性有了保证，还能够公平公正地拿到奖励，这样就可以促进基因数据的收集，推进基因组的研究。另外，GeneData技术团队还会开发一套对应数据库的设备，能够为用户重点监测基因报告中提示的健康风险因素，达到精准医疗的目的。

在过去的10年，根据BCC Research数据，基因测序产业的市场价值年增长率为 28.5%，检测的基因数据量大概每 7 个月就会翻一番，潜在市场价值超过千亿。

另一方面，基于基因技术的先进医疗方式将从根源上解决人类三高疾病、传染病甚至肿瘤等医疗难题，为人类带来福祉。

同时基因测序技术能够分析人的身体素质，针对性地为不同人提供不同的健康管理服务，从饮食到运动一应俱全。这些都意味着基因测序技术具有极大的市场需求，需要一个更好的技术来帮助基因测序平台的推广。

区块链技术的加密和匿名技术能够给用户信心，使他们相信上传共享自己的健康数据是安全的，分布式账本为基因组大数据提供了存储空间，去中心化技术保障了所有用户的平等性。多重保障为以区块链为基础的基因测序平台的推广提供了极大的帮助。

技术上的瓶颈制约了基因测序的发展，也将其服务的对象限制在了少量高端人群中。因为无法实现低成本的工业化基因测序方案，基因测序技术还不能够面向普通消费者。

如果能够成功地将区块链应用到基因测序中，就可以形成一个极大规模的安全分布式数据库，再加上众多节点出色的计算能力，基因测序将会突破每天只能测几百个样本的瓶颈，实现产业化、工业化。

相信在区块链的推动下，基因测序大数据技术终会解决现有的各种问题，为普通大众带来医疗健康的新技术。

第4章

区块链在大数据领域的运用

第3章介绍了区块链技术和大数据技术创新融合的前景,但由于实际情况的制约,某些技术上的难题还没有解决。不过区块链在大数据领域的运用也并非只存在于假想中,许多实例已经证明了区块链在大数据领域的运用是可行的。本章将具体介绍区块链在大数据领域运用的实例。

4.1 区块链加速数据流通产业可确权时代的到来

大数据产业现有的一大痛点就是无法明确数据的所有权和流通历史。因为数据资源的可复制性,得到数据的人或企业往往很难确定这份数据到底是第几手资源,也没有办法了解这份数据流通范围有多广。这些不确定性让数据流通产业受到颇多怀疑,买卖数据的双方和中介都处于互不信任的状态。只有明确了数据的所有权,才能加速数据流通产业的发展。区块链由于去中心化、数据记录透明且不可篡改等特点,帮助数据资源确定所有权,加速了数据流通产业可确权时代的到来。

4.1.1 建立去中心化的数据流通平台

大数据交易所是提供大数据的整合、交易及大数据衍生产业的服务平台，负责为数据商开展数据期货、数据抵押等业务，并为交易双方建立信用评估体系。大数据交易所类似于银行这样的第三方平台，只是某资源不是实体产业和金钱，而是数据。

大数据交易所维护着数据生态系统的稳定，推动着大数据产业的发展，但也由于中介的身份聚集了许多怀疑的目光：大数据交易所是否真正公正可靠？卖出去的数据真的给了买方吗？买到的数据是真实的吗？这些疑问是所有有第三方参与的交易活动共有的，只是由于数字商品的特殊性，没有足够的证据能够帮助交易双方打消疑虑。

从根源上看，这些问题来自于交易中出现了第三方平台——大数据交易所。如果能够在没有大数据交易所的情况下完成数据交易，这些疑问自然就没有了。但是，如果没有大数据交易所，就没有机构去生产大数据衍生出的金融等方面的产品，大数据的价值得不到完全的利用，交易双方也没有信用评估值，这些现象反而会阻碍大数据产业的发展。所以大数据交易所是有必要存在的，解决交易双方疑虑的方法应该从建立去中心化的数据流通平台入手。

所谓去中心化的数据流通平台，就是在数据流通的过程中第三方平台不再缓存数据，数据直接从卖方流向买方。在这样的交易过程中，大数据交易所只是充当了一个提供交易场所的角色，不再具体接触数据资源，数据流通平台也就不再具有中心化的特点，即"去中心化"。与传统中心化交易平台相比，其区别如下。

首先，去中心化交易平台不要求用户注册账户来固定身份，而是可以直接使用个人数字资产账户来参与交易。

其次，去中心化交易平台上的每笔交易都在区块链上进行，需要得到区块链上的所有节点确认后才算交易成功，才可以被写入账本中。

第三，去中心化交易平台不像中心化交易平台那样存储用户的密码和资产等信息，也就是说用户的资产只由个人保管，私钥丢失无法找回，这样就避免了中心化交易平台存在时的道德风险，同时要求了用户务必保管好自己的私钥。想要达到去中心化的目的，就要寻求一个去中心化的技术基础，区块链技术就是这样的技术。

区块链技术将数据资源存储在系统中的所有节点中，相当于一个分布式的账本。在区块链中，不存在一个集中了所有数据的中心，所有的节点都是信息平等的。也就是说，区块链就是基于去中心化的思想形成的技术，恰好能够满足大数据交易建立去中心化的数据流通平台的要求。

公信宝（杭州存信数据科技有限公司）就是一家基于区块链技术的去中心化数据交易所。公信宝公司的主要技术基础是一条名为公信链的公有链，公司在公信链的基础上搭建了世界首个去中心化数据交易所。在区块链的支持下，公信宝数据交易所不缓存数据，帮助保护用户隐私和数据版权，还支持用户双向匿名交易。公信宝不仅适用于普通行业的数据交换，还能够满足对数据交易的隐私性要求极高的用户，比如政府部门、医疗行业等。

公信宝针对的是互联网金融行业，帮助互联网金融公司实现数据共享和交换。公司创始人黄敏强对公信宝在数据交易过程中不缓存数据的特点有过解释，"之所以不缓存数据，一是不做客户的竞争对手；二是保护双方数据隐私，充分保障数据源的利益，让交易双方都充分信任公信宝。"在公信宝平台上，大数据经过第三方平台时的"数据沉淀"问题得以避免，数据交换实现了点对点的交换方式。这种没有中间商的交易方式不仅保护了交易双方的隐私，还有助于认证数据资源的所有权。

公信宝的数据交易模式已经得到许多客户的认可，上线不到两年，公信宝就已经和中国银联、中国联通、零零期等数百家金融公司形成了稳定的合作。

公信宝是区块链技术帮助搭建大数据行业去中心化的数据流通平台的一个案例。那么为什么在大数据行业中更适合建立去中心化交易平台？这需要从互联网的发展历程说起，从中可以看出大数据交易和区块链技术的共性所在。

在互联网的发展初期——从20世纪80年代到21世纪初，互联网服务就是建立在一个没有中心化的开放协议之上，这份协议由所有的互联网社群成员共同承认并维持。这意味着,任何人或组织都可以借助互联网扩大他们的网络影响力,并且不会被其他平台所限制。开放协议的存在使中心化平台(如 AOL)的重要性大大降低,许多创新公司出现并成为了后来的互联网巨头,如谷歌。

在互联网发展的第二个阶段——从 21 世纪初期到现在,大型科技公司,尤其是谷歌、苹果、脸书和亚马逊开发软件和服务的速度大大超过了互联网社群的开放协议。再加上智能手机的爆炸性增长加速了移动端成为互联网应用的主流,最终,互联网用户从开放服务迁移到移动应用这些由中心化平台提供的服务上来。

今天的互联网一方面为数十亿人带来了便捷的技术应用,一方面也意味着许多初创公司需要放弃自己原本的计划以符合中心化平台的要求才能获得推广,这反而扼杀了互联网的创新性。再加上许多中心化平台负面新闻的增多,互联网需要一个用以重新构建市场的软件基础。

以去中心化为特点的软件系统看似是互联网初期的产物,但是结合了加密技术的区块链技术实际上具备了前两个阶段的优势。所以当大数据交易在中心化的服务公司遇到了中心化交易的瓶颈后,必然会寻求去中心化的加密平台。

大数据来自全体互联网用户,对大数据的使用和交易也不应局限于通过提供中心化服务收集到用户数据的互联网公司,大数据从产生到使用就都应该具备去中心化的特点。区块链的去中心化特性以及加密网络正好能够为大数据交易提供一个良好的去中心化平台。

中心化平台已经占据互联网领域主导地位这么久,以至于互联网用户们都渐渐遗忘了去中心化平台也能够撑起构建互联网服务的角色。

链的联合将区块链融入大数据交易,可以以区块技术为分布式记账的基础,建立一个去中心化的交易平台。

4.1.2 突破信息孤岛,建立数据横向流通机制

在过去,企业、机构通常使用中央数据库存储数据资料,这也就意味着数

据的控制权集中在领导者手中，数据库的访问和更新权限也只有少数人享有。这种集中式的控制将数据限制在企业内部，同行业的公司出于竞争不会轻易公开和交换数据资料，不同行业的公司无法将数据进行融合，这样就限制了数据的流通，形成了数据孤岛。

大数据不能够顺畅地进行横向的流通，还因为企业缺乏对大数据市场的信任。不找到一个可信任的技术手段背书，大数据就无法完成横向流动。人们对大数据交易市场缺乏信任的主要原因有3个：大数据交易存在被第三方留存、转卖的风险；无法保证获取数据的真实性；无法控制数据被规范使用。下面针对这3个原因进行具体分析，阐释区块链能够帮助建立数据横向流通机制的原因。

1. 分布式账本摒弃了第三方，规避第三方转存数据的风险

区块链技术是以分布式记账的形式记录交易信息的，没有传统交易过程中的第三方平台参与，自然也就不会有第三方平台转存数据的可能，自然就能从根本上规避这种风险。

2. 分布式存储数据保护数据完整真实

区块链技术存储数据时使用的是分布式数据库，分布式数据库把区块链上的每一位参与者都当作节点，所有节点共同参与记录和验证系统中的所有数据。这样一来，区块链上的每一个数据都是有全网记录的，任何一个单独的节点都不可能改变链上的某一数据。通过这种方式就可以保证数据库中的数据尤其是某些敏感数据不被篡改，维护数据的完整性和真实性。

3. 全面记录数据流通信息，规范数据使用

区块链中的数据从采集到交易再到分析，全过程都会被所有节点如实记录，这样就使得数据的流通信息是全网透明公开的。如果有不法分子想要窃取数据，也一定会在所有的节点中留下痕迹。不法分子的犯罪成本提高了，窃取数据的犯罪行为就减少了，规范数据使用的目的也就达到了。

有了区块链的支持，网贷金融行业就可以在不暴露用户隐私的条件下将投资者和借贷者的信息进行横向流通，提升业务成绩，使网贷行业健康发展。唐盛物联自主研发的区块链落地应用唐贝就是网贷行业运用区块链技术的典型代表。

在传统网贷行业中，网贷平台因为技术的限制，比如很难快速评估借贷者的资产是否优质、投资者的资金是否真实以及用户信用程度的高低等，网贷平台业务开展得不够顺利，再加上政府监管的诸多限制，都要求网贷平台及时更新技术。

唐贝选择了用区块链技术尝试行业技术更新。唐贝的技术基础是唐盛物联研发的基于区块链的资产数字化交易平台——唐盛链。在唐盛链的技术支持下，唐贝打破了投资者信息和借贷者信息之间的壁垒，实现了数据资源的横向流通。唐贝把传统网贷平台由"信息中介"转变为"资产数字化金融服务商"，让用户的实际资产以数据资产"唐贝"的形式在交易系统中流通，除了便于交易之外，也实现了便于监管的目的。

唐贝的出现就是金融行业利用区块链打破信息孤岛，建立数据横向流通机制的一个实例。除了金融行业，各个行业都存在着由于数据不能跨部门、跨公司流通导致的信息孤岛现象。如果不及早解决信息孤岛问题，信息孤岛就会发展为信息垄断。在经济全球化的大趋势下，信息垄断只会造成行业不能健康发展。因此各个行业都需要找到防止信息垄断出现的方法。在大数据日渐成熟并进入各行各业发挥自身实力时，与区块链技术结合就成了大数据产业避免信息孤岛出现的必需手段。

除了类似唐贝的同行业内不同公司的数据整合软件，区块链还可用于众多垂直应用的数据整合。AAA Chain 就是这样一款软件，它由全球众多垂直场景 APP 组成数据联盟，联盟整合后的海量多维数据是平台上交换和消费的基础。AAA Chain 创始人刘松表示，AAA Chain 项目组还在着手研发"区块链自治数据开放平台"，该平台能够实现同一用户不同设备、不同 APP 上的数据合并，为用户形成一个统一而且唯一的数字身份 ID，并且数据资源由用户自己掌控，数据开发使用权交给谁、定价是多少都由户自己决定。

在流量为王的时代，数十万垂直类 APP 都有播放广告以使流量变现的需求，那么这类 APP 就可以在 AAA Chain 体系内采购广告流量，满足自身扩大规模时对流量的需求；而由于数据的所有权在用户自己手里，是否卖出自己的用户行为数据得到一笔收入并收获这些广告是用户自己的自由。这样一来，用户数据产生的利益还是被用户自己掌握，就不会有不顾用户意愿的情况存在，数据资源从数据供应方到数据消费方的健康而完整的循环也就形成了。

基于区块链可追溯的特性，系统中的数据从采集到交易，再到计算分析，整个过程都能被记录下来。在这种条件下，区块链将数据的流通全网公开透明化，为大数据建立起了一个规范的信任体系。获得了信任背书的大数据交易就可突破各个公司之间的壁垒，完成数据横向流通，形成"社会化大数据"，最终推动形成全球化的大数据交易体系。

4.1.3　跟踪数据交易的全过程

互联网技术发展到今天，数据资源的价值已经得到了充分的体现。既然能够称为"资源"，那么数据的交易和共享就是市场的必然需求。就像所有资源交易一样，数据资源的交易也会通过交易中心。数据交易中心可以帮助用户明确自己的数据需求，快速匹配数据资源的供需双方，加速大数据市场中的数据流通。

但是，由于数据资源不像传统实体资源那样产权明确，数据交易过程中存在数据被交易中心复制、留存、转卖甚至篡改的风险。如果数据交易中心使用了区块链技术，就能够跟踪数据交易的全过程并使之透明化，交易中心的可信程度就提高了，大数据交易也就可以获得更进一步的发展。

区块链的记录方式是分布式的，也就是全网透明的，那么基于区块链技术的数据交易的记录也就是安全透明的。在区块链技术中，数据变成了一种受保护的虚拟资产，数据一旦录入就会被全部节点进行确权验证，后期的每一笔交易也会被详尽记录。从进入系统到交易流通，区块链中的数据每一次变动都会有记录，而且是全网公开的记录，不会存在数据动向不明确的情况。

理论上的可能也得到了实践的充分证明。浙江大学曾与上海数据交易中心有限公司（以下简称上海数据交易中心）开展合作，在杭州趣链科技有限公司（以下简称趣链科技）提供的区块链底层平台上，打造数据交易清算原型系统。这次合作是为了将区块链技术应用到数据交易平台，开发基于区块链技术的数据交易应用。

该数据交易清算原型系统的功能除了传统大数据交易平台具有的数据供需方、交易中心和清算中心功能外，还提供了会员管理、订单管理、产品管理以及交易记账的功能。在区块链技术支持下，该系统解决了数据交易平台在大交易量情况下的交易记账、清算的处理问题，还成功地在分布式环境下实现了信息的分发、同步和存储，使大数据交易业务进一步多样化。

该系统应用区块链技术后，具有了区块链技术的分布式记账和实时清算的特性，大大提高了数据交易平台的清算能力。无论数据量多么大，数据交易信息也会被全程跟踪记录，不会出现漏存、错存的现象。

趣链科技 CEO 李伟表示，"利用区块链技术可以重塑数据市场的流通规则，激发数据交易的积极性，将促成数据市场的规模性增长，真正推动各行业、企业运用大数据实现升级转型，全面带动大数据流通进入 2.0 时代。"

基于区块链底层平台的数据交易清算原型系统，是将区块链技术应用到数据交易平台的成功事例，证明了区块链在数据交易中具有广阔的应用前景。基于区块链的金融数字交易项目，也是利用了其能追踪交易数据的特点进行尝试的。

例如，初创公司 Axoni 利用区块链技术成功完成了在股票交易市场中的测试。高盛、摩根士丹利、花旗集团、法国巴黎银行、瑞士信贷集团以及加拿大退休金计划投资委员会（Canada Pension Plan Investment Board）等多家大型金融机构共同参与了这项测试。

该测试利用区块链技术跟踪互换合约之后的交易者，并记录了擅自修改或终止交易、非法拆分股票、进行分红等行为。这项测试总共持续了 6 个月的时间，并获得了成功。

由于金融领域数据种类多、运算复杂，涉及贷款抵押时数据更加繁乱，所以大数据技术的商业应用在金融领域率先落地，但大数据技术一直未能解决的交易数据的追踪问题，在 Axoni 的项目测试中，被证明是可以通过区块链技术解决的。那么可以预见，无论何种场景，区块链都能为大数据技术解决追踪交易数据的问题。

区块链能够实时记录数据交易信息，跟踪数据资源的全部变化，提高了数据交易的清算效率。在大数据领域运用区块链技术，保障了数据在流通过程的透明性，因此能够帮助重塑大数据市场的数据资源流通规则，激发企业数据交易的积极性。良好的应用尝试将促成数据市场的大幅度扩张，并帮助推动各行各业投入到大数据领域，利用数据实现新时代下的转型。

4.1.4　保证数据交易不可篡改

在数字时代，数据安全的重要性不言而喻。数据库不够安全会导致用户数据泄露，暴露用户隐私，黑客会趁机篡改用户数据谋取私利。下面介绍两个因为数据库不够安全导致数据被篡改的案例。

案例一

2018 年 1 月，温州警方曾在调查一个假烟销售网站时，意外发现该网站的百度搜索指数居然在香烟出售网站中排名第一。警方经过深入追查，发现该网站的排名异常是由于有人以黑客手段干扰了百度公司搜索引擎的后台数据库，妨碍了百度搜索排名规则的正常运行，使该网站总能在搜索首页占据第一名的位置，诱导消费者进入购买。该犯罪团伙通过干扰百度数据库，累计营业额超过 7,000 万元，数额之大堪称全国特大破坏计算机信息系统案。

案例二

刘女士曾花费 500 元网购了价值 1,000 元的一嗨租车礼品 E 卡，并成功在官方 App 上充值，然而在未使用的情况下，卡内的余额却被清零了。刘女士的遭遇并不是个案，许多消费者都被同样的手法骗取了千元左右，全部受害者的损失累积初步估计在数十万元。据一嗨租车工作人员表示，这些消费者的遭遇是由于公司的相关数据被黑客非法攻击篡改造成的。

以上两个案例都并非震惊全球的大规模数据泄露案件，但却都是与人们日常生活息息相关的实例，从中也可以看出数据库遭受黑客攻击的后果有多严重。仅仅只是某一个公司的数据库遭到黑客攻击篡改，就可能造成几十万甚至上千万的损失，如果数据篡改发生在大数据交易领域，损失将无法估量，大数据交易急需新的技术支持来保障数据交易不被篡改。区块链技术的能力恰好能够满足这一点要求。

在理解区块链不可篡改的特点之前，仍需再介绍一下 Hash 算法（散列算法）。在第 3 章 3.2.3 小节中阐述区块链技术如何为大数据分析实现了加密技术时已经简单介绍了 Hash 算法。Hash 算法的基本功能是将任意长度的数据文件转换成一个唯一对应的 256 位字符串即散列值，且该算法不可逆。也就是说 Hash 算法能够把任意文件转化为一个对应的长度固定的类似乱码的文件，且不能通过该文件反向推导出源文件内容。

Hash 算法的特点使它具备了唯一性和不可逆性等优点。不可逆性可以保证数据安全，唯一性则保证了区块链技术的不可更改性。因为 Hash 算法对某一文件只能生出唯一的一个散列值，所以只要源文件有一点变动，散列值就会变得不一样。虽然不能够通过散列值判断源文件到底哪里发生了变化，但是却可以通过散列值迅速验证某个文件在某个时刻是否存在，以及两个文件内容是否一致。如果在区块链系统中某一节点的数据被恶意篡改，那么篡改后的数据就会被其他节点立刻识别出来并强行恢复原数据，也就是说，节点数据实际上是不能够被修改的。

在 Hash 算法的特性保证下，黑客如果想要篡改数据库中的交易记录，就要把超过 50% 的节点数据都修改一遍，因为这样才能保证修改后的数据在链中处于大多数的地位，被强行修改成一致的反而是没有被修改的原始数据，这也就是所谓的"51% 算力攻击"，如图 4-1 所示。

图 4-1 中 1、2、3 代表区块链中的所有节点。在上半部分的图示中，黑客只能篡改 3 号节点的数据资料，由于被篡改的资料只有 1/3，少于 1/2，系统会认定是少部分的数据出错，即 3 号节点出错，强制将被篡改的 3 号节点的数据更改为和大部分数据一致。在下半部分的例子中，黑客已经将 2、3 号的数据都篡改

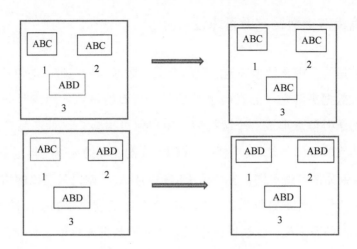

图 4-1　51%算力攻击示意图

了，占小部分的反而是 1 号节点的数据，这时候系统就会认为是 1 号数据库出错，把 1 号数据强制更改为和 2 号、3 号一致的数据。

　　51%算力攻击在理论上看起来是可行的，但在实际的区块链中，节点数目的增长速度比黑客掌握半数节点数目的速度快得多，而且由于节点遍布全球且互不认识，几乎没有互相串通一直篡改数据的可能，黑客也就不太可能具有 51%的算力攻击实力。

　　当大数据中嵌入区块链技术，就能够依靠区块链的不可更改性来保障交易记录不被篡改。比如某笔大数据交易在系统中经过验证得到了记录，整个系统中就都会有这笔交易的交易信息。如果有不法分子想要恶意篡改其中的某些款项，就需要从记录该笔交易的第一个节点计算机开始修改，并将其后所有节点的数据都修改成一致的。这种操作显然是不可能实现的，所以大数据的交易记录就可以在没有专人实时监督检查的情况下保证准确无误，这样既省时省力，又绝对安全。

　　区块链是建立在 Hash 算法上的一种数据库技术，其中的每个节点都互相联系互相验证，以使数据不被篡改。区块链的这种特点刚好能够帮助大数据保障交易记录不可篡改，能让大数据更好地为人民服务，避免民众的损失。

4.1.5 确保链上数据来源可靠性

在大数据的应用领域越来越广泛的今天，数据为人们带来的便捷也越来越多，通过大数据来辨别产品真假也成了一种新型的技术。网络服务公司收录正品商品的条码信息形成一个数据库，用户通过检验自己的商品条码是否在该数据库中来验证商品真伪，这种方式随着代购业务的火爆变得越来越热门。

但由于商品的产地不同，各个国家的条码样式不同，只是以网络服务商收集正品商品的条码建立数据库的方式无法完全保证数据库的全面性和准确性。对于商品的品牌商来说，无法确认第三方建立的数据库资料是否准确，如果信息不准确，反而会造成品牌的名誉损失。总而言之，如果想要利用大数据技术来鉴别产品真假，首要条件就是保证数据库中的数据来源真实可靠。

保证数据来源可靠，最直接的方法是由品牌方录入正品商品信息。但是如果只有品牌方有资格录入信息，商品在供应链中的流通就不能及时更新，品牌方也就没有办法得知商品的去向。而在奢侈品行业比如钻石行业，或是其他和品牌声誉挂钩紧密的商品行业比如葡萄酒行业，消费者是否买到正品不仅对消费者至关重要，对品牌方的意义也非常重大。这样数据库就不能只满足简单查询真伪的诉求，它应该在鉴别商品真伪的基础上还能够具有记录商品流通的功能。在这样的需求下，区块链在大数据领域获得应用也就是必然的。

在区块链中，商品的数据信息一旦认证录入，其整个物流动向都会随着时间的更新而更新。从商品出库，到经销商入库，再到被消费者买走，整个流程都会在链中得到记录。商品信息由品牌公司验证录入，这样就满足了只有商家能够确认商品真伪的条件；商品的流通信息由经销商录入，这样就能够记录商品的流通过程。消费者通过查阅数据库，就能立刻知道自己买到的商品产自哪个地方，经手了哪些经销商。

由于商品在系统中的起始验证登记权利在品牌商手中，经销商只能后续记录商品的物流情况不能添加新的商品信息，如果消费者发现自己的商品出处不在品牌商处，也可以通过系统提示的信息找到造假的经销商。区块链的这种特性，能够确保链上数据来源可靠，扩大大数据的应用范围。

新兴技术公司 Everledger 就是第一家运用区块链技术登记葡萄酒信息的机构。他们建立了一个名叫 Chai Wine Vault 的系统，希望通过该系统改善葡萄酒行业原产地跟踪等问题，增强葡萄酒行业的防伪和打假能力。

Everledger 的葡萄酒主管 Leoni Runge 说："我们每天都能从行业合作伙伴处了解到葡萄酒造假销售的情况，这些情况对葡萄酒行业的声誉造成了严重的损害。在区块链技术的帮助下，我们能够确保每一瓶葡萄酒的身份，这是之前我们无法做到的。对于优质葡萄酒行业来说，这种方式意味着有机会使每瓶葡萄酒在供应链中的流通都变得更加透明。"

世界知名的葡萄酒专家 Maureen Downey 为 Chai Wine Vault 系统提供了葡萄酒鉴别认证的方法 TCM。通过这种方法，Chai Wine Vault 收集每一瓶葡萄酒的高分辨率照片、所产庄园的庄主姓名或者现物主身份及储藏记录等信息，利用区块链技术为这些葡萄酒创建一个永久的数字档案。葡萄酒在供应链中流通时，物主身份及存储记录都会即时更新。有授权的经销商或者拍卖行可以查找某瓶葡萄酒的数字记录，以此来确认其来源出处。

除了帮助验证葡萄酒的来源，Everledger 还是钻石防伪验证行业的领导者。钻石和精品葡萄酒一样，由于认证证书经常受到被篡改的威胁，其来源的可靠性需要更有利的方式来保护。利用区块链技术，Everledger 已经加密了 1,000,000 颗石头的数据信息，保障了钻石行业的安全性。

IBM 的研究员 Donna Dillenberger 对此表示，"由于蓄意篡改或是登记错误的存在，全球贸易因欺诈或错误导致的损失每年都高达数十亿美元。通过对区块链的研究，我们发现区块链可以从根本上改善交易系统的透明度和安全性，进而显著减少这些损失。与钻石防伪验证机构 Everledger 的合作充分展示了区块链技术的应用如何从根本上改变消费品的交换方式。"

区块链系统以分布式数据库的形式，让系统中的每个节点都能拥有一份完整的备份信息。一旦数据信息通过验证添加到区块链上，就会被永久地存储起来。一旦信息有所更新，整个系统也会同步更新。通过对某一节点的查询，就能够验证得出该信息的源头和所有流通情况。在商业领域，区块链和大数据结合就能够让消费品的商业流通情况变得透明，确保链上每一笔数据都来源可靠。

4.1.6 对确权数据做登记和验证

贵阳大数据交易所总裁王叁寿曾表示，大数据背后的万亿产值只有在推出大数据登记确权服务后才能彻底激活。因为只有通过大数据交易平台完成登记确权结算服务，才能将数据转化为实际资产的一种，转化为资产的数据才能够更好地进行交易流通，发挥商业潜力。

贵阳大数据交易所是国内一家首次尝试登记数据所有权的大数据交易所，在数据进行了所有权登记之后，贵阳大数据交易所会对数据的使用权、运营权等进行公开竞价，以便实现数据的规范化登记确权及变现。在应用了区块链技术后，大数据确权服务提升到了全新的水平，切实解决了数据交易中存在的各种问题。

按照《贵阳区块链发展和应用》白皮书部署，贵阳大数据交易所重点在数据资产登记、数据资产保全、数据资产投资和数据交易等领域推进区块链技术应用。之所以要推动应用区块链技术，是因为区块链技术能够帮助交易所实现数据资产的确权应用。

大数据作为新型资源和传统资源不同的地方在于大数据可以被无限循环使用，但数据权属不明确。数据权属不明确，就会让数据的所有方不敢参与数据交易，需求方也不敢大力促进大数据的创新运用，所以说大数据获得新发展的当务之急就是解决大数据的确权登记和验证事务。大数据已经进入人类生活的各个方面，数据资料也不再仅限于商业数据资料，数据主权也不再只指商业公司对所拥有的数据资料的主权。数据主权包括两大块，一个是国家数据主权，另一个是个人数据主权。

所谓国家数据主权，就是指"网络空间中的国家主权"，也就是一个国家对其政权管辖地域范围内的全部网络数据的产生、传播和应用等活动的所有权和管辖权。国家数据主权是互联网时代国家主权的象征，与国家经济发展和国家安全有莫大的联系。而个人数据主权则可称为数据权,指互联网用户对其互联网数据的所有权和使用权等,普通联网用户和商业公司等的数据归属权都属于这一类。

无论从国家主体层面还是个人主体层面,数据主权的确认都会是大数据产业规范化的必经之路。在大数据时代,国家能力正在向"信息密集型"转移,信息资源的获取能力成为国家竞争优势的决定性要素,国家掌握的数据资源也成为国家核心战略资产,网络空间中的数据主权也成为了国际间竞争的新领域。

在"十三五"规划中,大数据已经上升为国家战略,其中的重点之一就是加速数据主权的确立。没有确权的数据资源,存在着被盗用、被随意散布的风险,那么公民的隐私权、国家的主权就都存在着被侵犯的可能。因此,在大数据时代,数据确权必须尽快得以实现,这既是为了保护公民个人隐私权,也是为了保证国家数据主权不受侵犯。

大数据应用中不能够将数据确权的缺陷是数据流通过快而无法追溯导致的,如果能够让数据具有可追溯性,数据主权的确认和登记就变得可行了。区块链技术恰好能够帮助大数据技术做到这一点。

区块链是由各个"区块"以时间顺序组合而成的链式数据结构,每个区块都存储了创建该区块前后的所有历史数据,任意区块上的数据皆可通过链式结构按时间追查其本源,这就是区块链的可追溯性。

一旦数据经过主权确认进入系统,无论经历过多少次交易辗转,都可以利用可追溯性查到数据的所有者,明确数据的所有权归属。把区块链应用于大数据产业中,数据交易中的数据追溯就变得简单了,贵阳大数据交易所的数据确权服务在区块链的帮助下获得了技术上的突破。

如同土地确权加快了土地流转的速度,数据确权同样能够推动数据流通产业的发展,帮助加快IPv6、5G等新兴数字技术的商用部署。数据确权明确了数据交易的所有权和使用权,使数据在可管控的状态下实现了开放,进一步提升了数据的变现实力。

贵阳大数据首创的大数据登记确权结算服务,获得了各省市的积极响应。

全国 50 个省市共同发起了中国城市大数据产业发展联盟，共同推动大数据产业的发展。王叁寿对全国大数据产业联盟的态度是"贵阳的台子，唱的是全国的戏，所有城市一起推动发展大数据产业，才能实现国家大数据战略，而且贵阳发挥的是数据聚合优势"。

除了在大数据交易中的数据资产的确权，区块链技术的确权登记还可以应用在各种交易活动的资产登记上。除了常见的实体资产，现在最热门的还有一些数字化了的资产，比如原创专利、IP、信用等都可以包含在内。

以原创文章为例，现在网上有许多不经作者同意转载文章的侵权案例，甚至有时候可能因为原作者的某些疏忽，原作者反而成了"抄袭者"。随着人们对知识产权认识的提高，大家都希望尽快有措施能够帮助解决原创作品确权的问题。

如果区块链技术得到了应用，作者的作品一发到网上，网络上的所有人就都会有记录是谁首次将这份作品上传到了网上，也就实现了确权和登记。后期如果发生作品著作权的纠纷。就可以在区块链网络上查出作品出现的本源，帮助减少原创作者的损失，这样才能鼓励原创，激励创新。

除了数字货币，数字化资产是社会发展的趋势。无论是实体资产，还是网络文章图片等虚拟资产，都会在数字化的浪潮下成为数字资产进行流通。共享经济其实也是将实体资产通过智能手段数字化，以便进行管理和流通共享，避免资源浪费。而数字资产要想最终能够实现顺畅的交易，就必须先实现确权，就像房产一样，有了房产证进行确权登记才能够进行交易。数据资产的确权登记，首先应该从大数据资源的确权登记开始。

大数据流通产业在没有数据确权的情况下就已经取得了惊人的发展，但也因为没有数据确权而遭遇了进一步发展的瓶颈。任何资源在流通时，有明确的主权划分才会具有更高的价值和更长远的发展，数据资源也是如此。

在大数据产业遭遇瓶颈的时刻，积极运用区块链技术为数据进行确权登记是解决行业潜在隐患的最明智的做法。在区块链技术下，对确权数据进行登记和数据交易信息记录能够实现数据资产的可信交易，进一步推动数据流通产业的发展。

4.2 区块链如何助力大数据实践应用

区块链由于具有数据不可篡改、可追溯、保密等特点，能够加速数据流通产业可确权时代的到来，帮助大数据产业以更加规范的形式良性发展。

在实践应用中，区块链技术也为大数据产业带来了新的技术方法：区块链技术提供了一个完整的分布式账本，给大数据及其分析工具提供了大展拳脚的空间；区块链的每一个区块都存储了所有交易记录，使实时数据追溯成为可能，有望实时防止欺诈；区块链还可以通过记录数据的方式帮助各领域科学家公开交易数据和社会数据，并为经济领域带来数据货币的新形式。

4.2.1 区块链为大数据分析提供机会

大数据能够获得实践应用并被各行各业青睐，最重要的原因还是大数据分析得出的结论具有指导意义，能够为行业决策提供数据统计基础。在计算机行业快速发展的同时大数据分析软件也更新得越来越快，网络上出现越来越多的大数据分析服务平台就是最好的证明。即使如此，大数据分析的应用效果也一直因为无法突破数据收集整理困难的瓶颈而未达预期。

要想让大数据分析获得更多的应用机会，就需要有一个良好的数据库作为后备支撑。作为一个完整的分布式账本数据库，区块链能够大大提高大数据分析软件的分析效率。

金融行业一直是大数据产业的重要领域，在大数据产业开始重视区块链技术后，金融服务行业也开始认真研究起区块链技术，希望区块链技术能够为数字金融行业带来新的突破。

在数字金融行业，缩短交易处理时间一直是业内人士渴望解决的问题，尤其是在大数据交易变得越来越多的情况下，为了全面分析数据造成的交易时间延长成了金融行业难以避免的难题。瑞士联合银行集团前首席信息官 Oliver

Bussmann 曾表示，如果在交易中融入区块链技术，就有望将交易处理时间从几天缩减到几分钟。

在金融行业的即时交易中，交易处理时间长、费用高的主要原因是其风险因素大。在进行交易时，金融机构需要检验消费者的这笔资金是否被重复使用过，如果被使用过，即出现了"双重支付"的情况，这笔交易是不能够成功进行的。在现实交易中，因为不可能复制黄金以及纸币防伪技术的存在，双重支付问题可以避免。

但是，在大数据交易行业，由于数据资源的可复制性，支付者可能会建立一种"已支付"但未移除的货币，同一笔货币就可以进行多次交易。为了避免这种双重支付问题的出现，金融机构就需要把消费者的消费记录进行完善的分析，这也就带来了实时交易高额的交易成本。

在分析消费者的消费支出模式时，金融机构依靠的还是大数据分析工具。尽管大数据分析软件的分析速度在不断提高，由于金融行业的交易记录过多过杂，只通过大数据分析技术完成快速数据分析是非常难的。也就是说，想要提高及时交易的效率，必须要为大数据分析软件提供一个便于分析的数据库，而这正是区块链数据库的优势所在。

在区块链系统中，每一个区块都包含了每个金融交易的完整历史。区块链的分布式账本技术为大数据分析提供了完整的金融交易记录，区块链技术尽管在大数据分析上并非强手，却毫无疑问地为大数据分析软件提供了用武之地。有了区块链技术做后盾，大数据分析软件分析消费者交易记录的速度就可大大提高，识别风险交易的能力也大大增强。

除了金融行业，大数据分析在营销方面也具有指导作用。例如在移动社交工具上，软件公司可以通过对市场大数据的分析，查看营销活动是否对软件的安装量有所帮助，也可以从大数据分析结果中查看同类竞争软件的排名，找出潜在竞争对手。由于市场情况日新月异，大数据分析越快，结果才越具有指导意义。因此，在营销行业的大数据分析结合区块链技术以提高数据分析能力也是提高效率的必然选择。

除此之外，随着网络购物和物流行业的快速发展，大数据分析还能够帮助企业进行物流数据分析，在大数据分析中增加区块链技术能够简化物流过程并扩大物流信息记录范围。中国电子商务巨头阿里巴巴的子公司天猫国际就成功在公司的跨境物流数据分析中运用了区块链技术。

该公司的技术负责人唐任表示："当这些货物从海外运到中国时，物流数据已经开始出现在区块链上。"在区块链技术的帮助下，公司的物流系统可以跟踪所有关于进口货物的物流信息，从生产到运输方式，从海关信息到质量检验，所有物流过程中的详细信息都能够被记录下来。

与其他基于区块链技术的系统一样，阿里巴巴的物流系统一旦将货物物流信息的数据记录下来，后期的追踪、检索和分析就会非常轻松。阿里巴巴作为一个巨大的电子商务公司，希望通过更新技术手段简化其物流系统也是必然的。在区块链技术的帮助下，货物物流数据的分析将变得十分便捷，甚至在产品到达国家之前，就能够在系统中有记录可供查询。

大数据分析在国家制定政策上也具有非常重要的意义。例如政府在考虑发布一项新的规定时，一定会全面考察没有出台新规定时群众的生活质量和幸福指数。由于生活质量和幸福指数只是个人主观上的判断，没有具体统一的衡量标准，政府就只能依靠相关事项的数据来统一分析，比如人民平均收入、恩格尔系数和教育水平等。

这些数据只能依靠网上的数据和政府民意调查收集，前期的收集分类工作就会花费大量时间。如果在收集数据时运用区块链技术，就可以快速将数据分类并透明化，大数据分析的速率才能提高，得出紧跟时代变化的结论，只有这样，大数据分析指导下的政策才会最顺应民心。

麦肯锡对大数据的定义是："大数据是指那些规模大到传统的数据库软件工具已经无法采集、存储、管理和分析的数据集。"从这个意义出发，大数据分析就是利用各种分析工具和统计方法在海量数据中挖掘信息。

如果存储大数据的数据库提前为数据分析做好了数据汇集和分类整理的工作，大数据分析的效率就会提高许多。提高了效率，大数据分析技术在争分夺秒的时代背景下才不会被替代。在区块链技术的支持下，大数据的数据库能够将某一类数据按照时间顺序集中提取，这样就给分析工具提供了便利。

大数据的价值在于大数据分析后得出的结论可以运用于市场预测、跟踪分析物流信息，也可以运用于降低交易风险，还可以用来辅助制定国家政策。大数据分析的价值日益增加，带来的收益有目共睹。

但是，大数据分析软件再优秀，没有一个做好了前期准备工作的数据库辅助也不能把优势全部发挥出来。区块链不同于寻常的集中式数据库，它能够为大数据分析提供一个分布式的完整链式数据库，每个节点都拥有按照时间顺序记录的全部数据记录，为大数据分析软件做好前期准备工作提供了机会。

4.2.2 区块链让实时数据分析成为可能

大数据分析在技术上已经渐渐成熟，但是由于数据过于庞大，通过大数据分析得出结论仍需几天甚至更久的时间。在日新月异的现实社会中，现有的大数据分析速率显然是不符合市场要求的。除了效率问题造成的项目进程缓慢，大数据分析不能够即时完成还可能会导致金融欺诈事件的发生。要想得出最有价值的大数据分析结论，实时大数据分析就势在必行。

随着移动、网络支付的发展，大众的金融生活变得越来越便捷。但在便捷的同时，金融欺诈的案件也数不胜数：农行包头骗贷案涉案金额1.1亿元；7·28太原特大金融诈骗案涉案金额高达11亿元……

除了这些震惊全国的大型欺诈案件，小型的金融欺诈也是多如牛毛，累计金额也有上亿元，广东省高级人民法院就曾在7个月内办结金融犯罪案件769件，涉及金额908.08亿元。这些金融欺诈案件给人民财产造成了巨大损失，也让金融行业遭受重创。如果金融行业在交易时能够及时进行风险评估，得出预测，就能避免这些金融欺诈案件的发生。那什么样的分析方式适合金融领域的风险评估呢？

以信用卡交易为例说明。全国各大银行的信用卡业务每年都在迅速增长，据统计，2016年我国信用卡发行量已经达到4.65亿张，2017年则达到了5.88亿张，仅中国工商银行和中国建设银行的发卡量就已经分别达到了1.29亿和1.02亿之多，而且信用卡发卡量还在以年10%到20%的比例增加。消费者通过信用卡的消费额累计超过人民币 25 万亿元。

面对如此庞大的信用卡数量，信用卡中心每天需要面对的用户行为数据数以千万计，成交金额也高达上亿元，也就是说，信用卡业务是个典型的大数据场景，不仅交易数据数量巨大，而且具有类型繁杂、流动率高、价值密度低等特点。那么，信用卡业务的风险评估就应该以大数据分析的方式来进行处理。

除了信用卡业务，金融行业的其他业务都有着大数据行业的特点，比如网贷业务。银行在进行放贷之前，都会有严格的条件审计。但由于资料数据过多过杂，一旦审查人员疏忽或是故意造假，骗贷事件就有可能发生。如果有了实时分析数据的技术，银行企业就能借助大数据分析工具从海量的数据中精准获取和挖掘到金融欺诈的行为特征，在事故发生前及时给出警告拒绝交易，从而减少损失。

目前金融行业的风险监测系统都是基于传统数据库架构，交易数据会被集中存储于数据库中，在需要进行考察时分析系统再建立索引对相应数据进行分析查询。集中式的架构由于查询速率低，不能及时对可疑事件进行预警，所以金融行业的大数据分析无法做到实时分析。如果数据库不是集中式的架构，而是以"分布式"的形式连接数据，就能实时对事件做出响应。而这正是区块链技术的特点。区块链技术以分布式架构为基础，能够帮助大数据分析软件快速寻找到相应事件，帮助实时处理海量数据。

明略数据公司就曾为某大型国有商业银行信用卡中心提供了基于分布式架构的实时反欺诈交易监控系统。该系统以分布式数据库为底层技术，引入了流式处理技术，利用机器自动学习行为不断为数据库完善欺诈规则体系，能够为用户实时分析每一个异常行为，监测欺诈行为特征是否出现。这个监控系统成功实现了实时大数据分析，为实现金融实时反欺诈做出了榜样。

明略数据的监控系统软件以分布式的数据库为基础，相当于区块链技术运用于大数据分析的前身，但也充分证明了区块链能够让大数据的实时分析成为可能，完全将区块链技术融入大数据分析以实现实时分析的案例也越来越多。据外媒报道，金融保险反欺诈领域出现了一家汽车保险初创公司 Kasko2Go，它的系统就是基于区块链技术实现大数据实时分析,以此来探查骗保欺诈案件。

据技术人员介绍,区块链在系统中承担了公证服务的角色,能够消除骗保欺诈和双重索赔的事故隐患,而且大大加快了处理效率。加上区块链的智能合约系统,保险合同的签订和事件处理的逻辑也变得透明起来。"以前,保险事件可能需要几周时间才能完成三成左右的付款,但现在有了区块链技术,这些事件只需几分钟即可全部搞定。"负责该欺诈系统的Kasko2Go子公司Click–Ins的首席执行官Genaldi Man表示。

从两会到银监会〔2017〕6号文件再到国家领导人在中共中央政治局第四十次集体学习的讲话,金融安全、金融风控都受到高度关注,这意味着金融领域的健康发展对社会稳定和国家安全具有重大意义。在大数据渐渐在金融行业持续发展壮大的背景下,早日实现大数据的实时分析是让金融行业创新发展的前提。

除了金融行业,实时数据分析还可以用于医疗健康行业,比如ICU监控、远程医疗监控和疫情警报等。在ICU病房内,区块链技术可以帮助大数据技术实现实时分析病人生命体征数据,建立高效监控机制,及时发现重症监护病人病情变化。

在远程医疗监控中,区块链技术帮助医护人员简化访问分析患者医疗记录的流程,以便患者及时得到治疗。在疫情预警方面,在实时传感器的数据分析系统中运用区块链技术能够帮助大数据分析及时得出传染病爆发的可能性,通过早期预防和广播预警减少损失。

总之,大数据的实时分析是大势所趋,也是现实需求,在区块链的帮助下,大数据分析才能早日摆脱传统数据库的弊端,在分布式账本数据库的支持下实现数据的实时分析。

4.2.3 区块链揭示交易数据

在区块链逐渐进入大数据领域获得实践应用的同时,由于其独特的分布式账本技术和透明安全可追溯等优点,区块链上的交易数据也日益增多。根据

TradeBlockde 在 2015 年的针对区块链上的交易数据分析，截至当年，链上交易已经总共有 8,600 万笔，交易量也从 2009 年初始的 450 字节/笔增加到了 600 字节/笔。

随着区块链技术逐渐深入金融行业的各项服务，区块链中的交易数据也在极速增加。据估计，区块链上的交易数据价值高达数万亿美元。区块链辅助大数据进入保险、小额贷款、及时汇款等其他金融服务，到 2030 年，区块链分类账的价值可能占据大数据市场总额的 20%，区块链带来的年营业收入保守估计在 1,000 亿美元左右。

按照现有速度发展，区块链带来的收入将会超过 Visa 信用卡、MasterCard 信用卡和 PayPal 目前的总和。毫无疑问，区块链为大数据产业带来了新的交易模式。要想让这种新型交易模式得到充分的价值开发，就必须通过现有的案例得出可实行的技术方式，显然，区块链技术就是关键。

传统的交易数据一般是指金融行业尤其是股票基金等的交易量，业内专业人士能通过这些数据的分析预测市场的走向，比如通过一个季度内某只股票的成交量和成交金额的走势来推测下个季度该股票的价格是涨还是跌，投资者是该买进还是抛售抑或持有观望。

如果从广义上讲，交易数据就是所有产品在交易中涉及的一切数据。在 ERP（Enterprise Resource Planning，企业资源计划）系统中，公司的交易数据还可以用来分析出公司用户的购买行为倾向，或者某个商品被购买的背后原因，许多公司都会通过 EPR 系统进行销量预测和用户行为分析。

无论是股票基金的交易数据，还是企业的商品交易数据，它们本质上都是数据的一种，对它们进行分析实际上也是利用了数据分析技术。想要得到准确的指导意见，前期大量的交易数据收集肯定是极为重要的，如果在资料的收集过程中发现了新型的交易数据，那就更能够为后期的交易预测带来新角度的思考。

在大数据交易中，除了将大数据本身作为资产进行交易，大数据交易带来的交易成交量、成交价格等也能够成为新式的交易数据为人们带来更多的经济信息。比如某家公司近一个季度的大数据交易量有所提升，可能意味着它在筹备一个新的技术项目，需要更多的样本支持，相应股票价格可能在近期有所变动。如果在大数据交易中融入区块链技术，还能够展示出哪两家公司近来的交易比较频繁，帮助消费者预测两家公司的经营状况。

区块链上的交易起源于比特币交易。比特币交易的主要模式有五种：P2PKH（Pay-to-Public-Key-Hash，支付到公钥散列）交易、MS（Multiple Signatures，多重签名）交易、P2SH（Pay-to-Script-Hash，支付到脚本散列）交易、P2PK（Pay-to-Public-Key，支付到公钥）和OP_Return（返回），其中OP_Return模式严格来说存储的是信息而非比特币。比特币交易无论以哪种模式进行，都有着传统货币交易不具有的去中心化和全球支付的特点。由于不存在中心化的第三方平台，比特币交易也减少了许多中间环节和高昂的手续费。

比特币是一种点对点的数字现金系统，每次发生交易时，网络里所有的节点都会共同验证并进行广播，多次确认通过后交易才会被认可并被记录到账本中，这份账本就是"区块链"。由于每次交易都由全网验证，每个节点都是平等的，不需要中心化的第三方平台来维持秩序。也就是说，这样形成的区块链网络在没有第三方监管的条件下依靠全网记账的方式维护了交易生态系统的稳定。由于区块链没有国别阻隔，货币可以完全统一，跨国交易也具有了新的方式。

基于区块链的分布式构架的大数据交易也可以模仿比特币交易实现新型的交易模式。在区块链的基础上，大数据交易可以实现点对点的交易，不用担心第三方平台盗用数据信息；也可以透明地公开大数据资料的流向，不用担心资料被非法泄露；还可以实现数据资料的定向授权，利用私钥签名的方式保障数据所有者的隐私安全。

当大数据交易和区块链技术充分融合后，就能够通过对交易数据的分析实现新一轮的事物跟踪活动。举例来说，由于区块链上的数据交易是全网公开透明的，任何成员都能够在不访问具体数据内容的情况下获知数据交易的记录。数据情报组织可以以此帮助金融机构、政府以及各种组织了解它们的合作对象都经常和什么组织及个人互动，发现它们"隐藏"的信息，以此发现新的合作对象促进合作或者是规避风险。

以区块链为底层技术的新型交易正为大数据交易挖掘出更多的交易数据，

并提供了针对这些交易数据分析的可能。在大数据的实际应用中使用区块链技术能够帮助组织得到更多信息，做出更明智的决策。

4.2.4　区块链揭示用户倾向

使用社交大数据来统计并预测消费者行为并不是新鲜事，市场营销的精英们已经用一次又一次的精准营销案例告诉了人们利用社交大数据预测市场是多么的明智。只是由于社交网络数据没有统一的标准算法，而标准化又是获得最佳秩序和社会效益的唯一途径，所以寻求一个可以标准量化的事物来作为社会数据的侧面代表就成了经济学家和社会学家共同努力的方向。

传统的金融工具在定价方面受许多因素的影响，其关注者的看法与社交媒体用户的倾向不能够很好重叠，直接将传统金融工具的价值波动用于预测市场变化是不可行的。幸运的是，2014年到2015年的社交媒体对比特币的关注大幅增加，让社交媒体用户和金融工具的关注者发生了重叠。

以比特币为代表的虚拟货币由于现实世界的事件和社交媒体用户对技术的看法而出现涨跌波动，这些波动恰好证明了这些关注比特币的社交媒体用户的看法可以用来预测市场，反过来，比特币等虚拟货币还可以作为能够量化的金融工具帮助揭开社交媒体用户的看法。

由于影响比特币价值的事件首先会在社交媒体上得到传播，社交媒体用户的看法在网上会留下详细的记录。数据分析师通过对比特币的研究，就能反过来追溯到当时的社交舆论，这进而帮助企业和科学家发现更多的人口信息和社会数据。而且由于比特币交易主要发生在个人与个人之间，而不是大型机构之间，比特币的交易情况能更详细地反映个人因为社会事件对比特币看法的波动，这将比传统的社会大数据反映出更多精细化的信息。

作为区块链技术的出色代表，比特币只是区块链技术在揭示用户倾向上的一个案例。当大数据领域运用了区块链技术作为支撑，网络服务商收集用户行为数据时就可以以时间流为标准，观察到用户的行为变动，并能够及时获取最新数据信息，用于辅助产品设计。

除了在互联网产品大数据收集上的辅助作用，在实体产业领域，区块链的加入也将给企业带来更多的用户数据。比如一箱饮料，传统的大数据记录只能告诉企业这箱饮料是否卖出去了，有了区块链的追踪能力，就能知道这箱饮料到底是卖给了高档餐厅还是路边摊。社会经济学家一向擅长通过商品的流通情况判断社会的经济情况，"口红效应"就是典型。如果有了区块链技术，追踪商品就更为容易，社会学家从社会现象得出经济数据也就更加容易。

随着区块链技术在大数据领域中的应用越来越深、越来越广，区块链也给大数据提供了深入社会应用的机会。随着科学技术的不断完善，区块链必定能帮助科学家获得更多社会大数据。

第 5 章

大数据在区块链网络中的交易

当大数据产业越来越壮大的时候,大数据资源已经成为新时代的"油田"。任何资源的价值都因为能够流通才能够最大化,大数据资源也是这样。大数据行业已经开启了大数据交易的新型商业模式,但是由于传统的交易模式与数据资源本身特性的冲突,大数据交易在实践过程中遇到了瓶颈。

在传统的交易模式中,除了商品的供需双方,还存在着第三方平台。第三方平台扮演着联系供需双方并保障交易公平的角色。由于大数据资源具有价值难以衡量、信息易被复制、去向难以追查等特点,第三方平台的存在就会让大数据交易变得不再透明,因此给大数据交易带来了瓶颈。

数据资源价值难以直接估量,在交易过程中需要找到一种合适的方式使大数据的流动伴随着对等的价值流动。而区块链本就是为价值而生,它与生俱来的数字密码货币基因刚好可以为大数据交易生成一套价值体系,弥补传统交易模式在大数据交易中的短板。加上区块链的不对称加密技术、隔离验证技术等,可以解决大数据交易中遇到的瓶颈。

5.1 大数据交易中的瓶颈

随着大数据的广泛普及,大数据交易的市场需求也在不断增加。根据有关数据显示，我国大数据交易平台建设正处于井喷期，大数据交易的变现能力也正在不断提高。但伴随着大数据交易越来越多，大数据交易中的困局也开始日益凸显。

由于第三方平台的存在，数据提供方会担心数据是否被留存转卖，自己的隐私可能会被侵犯；数据需求方也会疑惑买到手的数据是否真实有效，买家是否真的仅卖给了自己而竞争对手没有这份数据；政府等监管部门也无法实时监控数据是否被滥用，安全数据有无泄露风险。这些疑虑不解决，大数据产业就无法突破瓶颈，实现数据产业的衍生物交易，更不能健康发展。

5.1.1 数据提供方有哪些疑虑

由于现有科学技术无法保证数据在流通过程中不被中间方留存复制和二次传播，数据提供方就无法得知数据交易出去后是否通过其他渠道流入二级市场被层层转卖。由于数据价值会随着转卖次数的增加呈指数型递减，数据转卖就会给原始数据提供方带来不可估量的损失。价值损失的存在，加上没有技术能够降低数据交易的这种损失风险，数据提供方就会不愿意提供拥有的数据进行交易，大数据的交易就会进入僵局。

在数据资源中，有许多数据一经转手价值就会骤降，例如名字、身份证号、性别等信息数据提供方一旦放开数据交易，这些数据就可能被转手。当数据转卖的人多了之后，数据购买方就可以不再寻求数据提供方，直接通过多次低价购买的方式获得全部原始数据。数据提供方手里的一手资源就变成了毫无竞争力的数据垃圾。数据提供方不能通过数据交易获得应有的收入，反而受到了损失，久而久之数据提供方就会拒绝数据交易。

数据交易中除了数据转卖使提供方有承受损失的风险，还有泄露数据所有者隐私的风险。有一些不规范的网贷平台就是利用用户的隐私信息作为交换，给用户进行放贷。当收集到信息后，这些网贷平台会将用户的信息转卖给其他公司。虽然这种情形不能算作是严格的大数据交易，但也暴露了同属于电子信息交易的大数据交易的缺点：数据的提供方不能得知自己的数据流向了哪里。

按照传统的交易模式，大数据交易中的数据提供方跟需求方是"银货两讫"的。当交易结束后，数据提供方不再能够完全控制需求方对数据资源所做的处理。假如需求方不按照保密约定，私下公开了数据资料，数据提供方也无法得知。数据提供方不仅所拥有的数据价值骤降，隐私也会被侵犯。

当大数据进入健康医疗行业，人们的身体情况就是大数据最需要的数据资源。人们通过有偿或者无偿的方式提供数据给医疗机构进行大数据分析，研究人类疾病问题。目前已经有医疗机构有了先进的技术手段可以检测人们的健康数据，判断患病风险。

为了人类的健康事业，大家都会愿意提供自己的健康数据作为研究者的参考资料。但是与此同时，人们也会希望自己的健康状况作为个人隐私被保密。即使研究机构有着各种合同和证明，都无法打消数据提供者的疑虑。

数据提供方一方面担心数据价值会因为转卖而骤减，另一方面也会担心隐私暴露，重重疑虑会阻碍数据提供方放开手脚进行数据交易。没有了数据提供方，数据的来源就被切断了，大数据交易就走到了尽头。而随着大数据市场的不断扩张，大数据的需求也进入了爆发期。许多大型企业因为大数据交易风险太大，关停了数据交易。为了突破瓶颈，大数据交易急需新的手段来规范大数据交易市场，解决数据提供者的后顾之忧。

5.1.2 数据需求方有哪些疑虑

有需求，才有市场。大数据市场能够在短短几年内达到数万亿的经济规模，都是因为各行各业的领头人率先发现了大数据背后的价值并带动了大数据需求。随着大数据产业的发展，大数据的应用领域日渐增多，不同行业间的跨界数据整合合作更加深入。跨界合作的成功带来了多种数据融合的新方式，大数据产业也迎来了数据需求爆发的时期。

大数据的需求方有很多，可服务的范围也很广，从企业到政府管理部门，从医疗研究到人工智能开发，大数据都有着重要的作用。除了已经应用成熟的金融、医疗等领域，大数据的应用范围和潜能还在不断扩张，越来越多的行业人员尝试将大数据技术结合到之前的工作中去。因此,大数据的市场需求也越来越大。

当一个企业开始意识到大数据会成为未来的核心竞争力,说明它在大数据治理和应用领域已经具有充分的实战经验和扎实的理论基础,那么它也应该意识到了大数据质量的重要性。真正开始挖掘大数据深处价值的大数据需求方,已经从临时使用部分数据统计结果,转向全面考察数据质量。

公司决策人员开始关心数据是否通过正规渠道收集,数据覆盖范围是否全面,数据的精确度是否达到可以使用的标准。当在数据质量足够好,具有合适的使用场景的情况下,优秀的企业还会接着考虑将数据资源开发成一个合法稳定的可长期使用的数据产品。

做出优秀的数据商品的前提是使用的数据资料足够优质,所以数据需求方希望得到的数据资料质量高、真实有效。但是由于大数据资料数量巨大,交易时不可能一一验证数据提供方的数据是否来源可靠,是否具有使用价值。也就是说,数据需求方对大数据交易一直存在着"购买的数据是否真实有效"的疑虑。如果不能解决这个问题,数据需求方就无法判定商品价值,进而就会怀疑是否物有所值,对大数据交易产生不信任感。

一个因为没有考虑到大数据的数据资料的可用程度导致结论推测失败的事例就曾发生在谷歌公司。谷歌曾在2008年第一次利用数据库资料预测流感,结果成功预测到了流感的爆发,并且比美国疾病预防控制中心的预测还提前了两个星期。

但是,几年之后,谷歌的预测却失败了,其预测结果比实际情况高出了50%。不是数据造假,而是由于媒体过度渲染了谷歌利用数据库预测流感的成功,越来越多的人出于好奇去搜索"流感"相关关键词,从而导致了谷歌后台数据库的扭曲,让流感患者和"流感"关键词的相关性大幅下降。

谷歌的事例给所有希望利用大数据助力企业发展的人以警示:大数据的有效分析一定要建立在有效数据上。在大数据交易越来越频繁的情况下,企业获得的数据资料已经不再是完全由企业自行收集来的了,那么买到优质的大数据资料就成了数据需求方的重中之重。

现有的大数据交易模式不能够为数据需求方透明展现供给方的数据来源，所以数据需求方对于对方提供的数据有效性持怀疑态度。另外，数据的提供方无法给需求方提供有效的依据证明这份数据仅卖给了某一位需求方，这就无法为数据的商业机密性提供有力支撑。考虑到市场的强烈竞争，数据的需求方也同样因为这份疑虑而打消数据交易的念头。

现有的大数据交易没有完美地解决大数据的来源证明和销路证明问题，这就给数据的需求方带来了许多疑虑。出于谨慎，数据需求方也会减少不必要的数据交易，这显然是大数据交易遇到瓶颈的另一个因素。

5.1.3 监管层有哪些疑虑

伴随着大数据概念的兴起，全球各地出现无数大数据公司，获得高额融资的消息也很常见，估值高达几亿甚至几十亿的大数据公司越来越多。数据的价值在得到了肯定的同时也被黑客看在了眼里，加上一些违规获取数据牟取暴利的公司，大数据黑市开始野蛮生长。由于行业乱象，许多规范经营的大数据公司完全无法和违规公司竞争，出现了"劣币驱逐良币"的现象。

监管层面对大数据市场的乱象早已是头痛不已。中央电视台就曾以记者调查的方式曝光过"网上'黑市'个人信息随意买卖，查身份信息只需提供手机号"等贩卖个人信息情况的黑色数据产业链。公安部刑事侦查局也为此牵头成立"2·17"专案组，开展针对违法贩卖个人信息的案件侦办工作。

在中国政法大学主办的新时代大数据法治峰会上，中国政法大学副校长时建中曾表示，"我们一般认为，现在大数据立法已经严重滞后于大数据的实践。"在时建中看来，由于目前数据的权利属性没有达成高度共识，使数据产业法制化的方式就不能按照传统的方式从静态权利的归属鉴定出发。

如果不从静态权利出发，而是从数据产业中的数据行为出发，就会发现大数据产业的经济活动包括了生产、采集、存储、分析、加工、服务共 6 种，而现有的法律制度中，没有一种能够囊括这么多的经济活动。要想能够让大数据产业合规合法，就只能靠新法的制定以及现有法律的不断完善。

没有适用的法律依据，大数据的监管自然变得不太顺畅。除了法律体系的不完善，数据的真实性与合法性检验、数据信息的保密程度、数据交易手段监控等问题也都难以监管。在没有妥善的解决方案出现以前，监管层对大数据交易也是疑虑重重，不敢全面放开政策允许多方大数据交易流通。

5.2 区块链破解大数据交易难题的方法

区块链技术基于不对称加密算法能够对链上数据严格保密，利用数字签名保障数据不可篡改；出自比特币交易的验证隔离技术可以保障静态数据的交易安全，在满足数据需求方的合法使用需求的同时最大程度地保障用户隐私；以动态数据最小交易单元为交易标准的交易方式能够给大数据带来新的突破。区块链的这些优点能够破解大数据交易中存在的难题。

5.2.1 利用不对称加密技术，对售卖数据签名

传统的加密技术是基于对称加密算法的，对称的含义是指加密的手段和解密的手段是相同的。就好比利用一个上锁的箱子传递信物，甲锁上锁的钥匙和乙解开锁的钥匙必须是一样的才可以成功传递，这就称为对称加密算法。由于对称加密算法的加密数据破解难度低，对称加密算法传递数据时对环境的安全性要求很高，一旦环境有漏洞，密码就会被破解，传达的信息就可能被窃取或者伪造。加上对称加密算法要求通信者都有一套完整的密钥，当通信人数越来越多时，密钥就会越来越庞大，密钥的管理也会变得复杂起来。

针对对称加密技术的不足，非对称加密技术出现了。在非对称加密技术中，每个用户都有两个密钥：公钥和私钥。公钥和私钥互相匹配，公钥负责加密，私钥负责解密。一对密钥中只有公钥是对外公开的，私钥仅由用户本人自己持有。

在通信时，发信方首先使用收信方的公钥把通信内容进行加密，然后再传

输出去。当信被收信方接收到后，公钥就失效了，只有收信人才能通过私钥进行解密看到通信内容的原文。通过"公钥加密，私钥解密"的方式，非对称加密技术就实现了仅通信双方才能查看原始通信内容的要求，保障了传递的信息不被篡改。

举例来说，小明要给小红传递一封机密文件，他就应该首先去找小红获取小红的公钥，第二步用公钥把机密文件生成密文发送给小红。当小红收到文件后，小红再利用自己手中的私钥把密文还原为原始文件。即使有人在传输过程中非法拦截了文件，由于没有小红的私钥他也无法得知文件内容到底是什么，这样就保障了文件不被泄露及篡改。

更精妙的地方在于，如果小红要给小明回信，可以利用散列算法给回信生成摘要，再利用私钥给摘要加密生成"数字签名"附在信件中一起发送给小明。小明通过小红的公钥将数字签名解密后得到摘要，如果该摘要和小明把信件进行散列运算后得到的摘要一致，就证明信件没有被篡改过。

非对称加密技术利用公钥和私钥的配合，不仅能够降低密文被破译的风险，还能够通过生成数字签名的方式进行第二重验证。区块链上的通信交流就是基于这种非对称加密算法的，如果收信方通过私钥的验证发现了异常或是发现数据签名有变动，都可以立刻得知该文件被非法篡改过，大大降低了数据的安全隐患。

在大数据产业蓬勃发展的同时，也有许多大企业并不愿意将自己的数据拿出来进行交易，原因就是数据商品的特殊性。不同于一般的商品拥有明确的所属权，数据资源"看过即拥有"，数字资源的复制品与原数据也完全没有差别。在这种情况下，大数据交易就可能为大数据提供者带去数据资源被复制转卖的风险。数据资源一旦被复制转卖，价值就会大打折扣，数据提供方的利益就受到了严重损失。

另外，由于大数据规模过于庞大，如果不是数据分析结论非常离谱，即使数据被大幅篡改过也很难被检查出来。这些隐患都要求大数据交易早日寻找到一个可靠的加密交易方式。

只有在加密技术下进行大数据交易，才能够解决大数据被第三方盗用、篡改的可能。加上大数据规模庞大，如果使用对称加密技术将会对传输链的安全性能要求极高，采用非对称加密技术才是最合适的方法。因此，在基于非对称加密算法的区块链上进行大数据交易可以保障通信数据不被篡改。

京东云旗下京东万象数据服务商城的大数据交易平台就是运用了区块链技术，方便地解决了大数据在数据交易中的溯源确权问题。京东万象总经理杜宇甫对此表示，"现在数据提供方都有非常强的数据保护意识，如果权益得不到保护，对数据流通抱有担忧，他们便不愿意大规模地为客户提供数据服务。基于区块链技术，将有效打造公平流通的交易环境，促进未来的数据市场规模飞速发展。"

在区块链技术的支持下，进行交易的大数据可以获得唯一的授权签名，当数据未经许可被盗卖时，就不会有确权证书，或者系统提示证书不匹配。这样既可以保障数据提供方的权益，也可降低在数据交易中数据被篡改的风险。

当具有非对称加密技术的区块链运用到大数据交易场景后，就好比对所售卖的数据签上了唯一的可用于判断真假的签名。这样一来，区块链技术就降低了大数据在交易中被破译篡改的风险，从而能够助力大数据交易的健康发展。

5.2.2 静态数据隔离验证，保护用户隐私数据

静态数据是指在计算机程序运行过程中的很长时间内都不发生变化的数据，它们主要起控制或参考的作用，比如日常生活中常见的微信二维码等，就是静态数据的一种。

随着移动支付的普及，手机支付消费金额成了人们日常生活的常态：出门打车，手机扫描出租车上的二维码，向司机支付车费；在早餐店买早饭，扫描店主的收款码就可以完成结账；骑行出游，扫描共享单车的二维码立刻开锁……扫码支付不仅减少了商家去银行存钱以及收到假币的风险，也为消费者和商家减少了使用零钱的麻烦。然而这样的便利，也被不法分子钻了空子。

不法分子会在商家的收款码上偷偷覆盖上自己的二维码，这样消费者的转账就转给了他们而非商家。更有甚者，直接通过某些黑客手段侵入商家的收款

码，在其中植入病毒，消费者一经扫描就会手机中毒，遭遇银行卡被盗刷等损失。这类案件在扫码支付普及过程中屡见不鲜，给商家和消费者带来了不少经济损失。这背后的原因主要是商户使用最多的收款码是静态二维码，其安全系数低，容易被篡改、入侵或携带病毒。

针对这一隐患，央行推出了一项新规定——静态二维码扫码付单日限额500元。"这个限额只针对静态条码支付"，中国支付清算协会相关负责人说。也就是说，只有扫描街边小摊点等的二维码进行的支付才有此限额，因为这类静态二维码支付方式的风险控制措施较少，安全性较低，是安全等级最低的D级。

与静态二维码交易做类比，大数据交易中也存在着静态数据交易的情况。由于大数据规模更大，其中的静态数据交易风险也就更大。目前静态数据的大数据交易非常困难，因为许多静态数据都与用户的隐私紧密相关，买卖双方在交易中均要承担很大的监管压力。另外，许多有价值的静态数据都来自于政府部门，保密性要求很高，在进行交易前需要进行多重验证，这也给静态数据的流通带来了困难。

如果能在大数据交易中使用隔离验证（Segregated Witness）技术，就可以将法律上允许售卖的数据在不访问具体内容的前提下进行隔离验证。这样一来，许多原本不便于流通的静态数据就可以在保护用户隐私的情况下进行交易，政府部门的大数据交易难题也得到了解决。

隔离验证技术来自于区块链，是由比特币核心软件维护者之一Pieter Wuille作为比特币扩展性方案提出的。在比特币交易中，这种方案能够改变比特币交易结构，将交易中交易者的授权签名部分单独拿出来，存储到一个新的叫作witness的算法结构当中。通过这种方式，增强了比特币交易的安全性能，能够让节点在只隔离验证交易双方签名的情况下对交易的有效性进行核实。

把隔离验证技术运用到大数据的交易中，就可以把大数据中的静态数据使用散列算法，把涉及用户隐私的数据保护起来。交易时买方依旧可以通过隔离验证数据所有者签名的方式判断数据有无被篡改。

Thaddeus Dryja曾经对隔离验证技术发表见解，他认为，"新的比特币客户端并不会让比特币区块链主链接触到未经过认证的区块。同时它能够处理更大的区块。"这个新的比特币客户端就是指第一次升级具有隔离验证技术的比特币客户端。

区块链中的比特币交易运用了隔离验证技术，莱特币也对此进行了尝试。根据新闻报道，运用了隔离验证技术的闪电网络 Éclair（法语中的闪电）在莱特币交易测试中获得了成功，而且实现了加密电子货币之间的互换，比如莱特币和比特币之间的跨链兑换。这个案例给区块链中的大数据交易提供了私密共享的可能，因为这些数字货币就是加密的，却可以通过隔离验证技术实现兑换，那么含有大量隐私静态数据的大数据交易在此基础上就有可能实现静态数据的隔离验证，私密共享。

大数据交易由于大量数据是静态数据，泄密风险高，安全性能低，阻碍了大数据交易的发展。如果使用区块链交易，在隔离验证技术的保证下，就能够将签名验证和静态数据隔离开，同时既可以验证数据是否被篡改，又保护了用户隐私。

5.2.3 以动态数据最小交易单元为交易标准

与前文中介绍的静态数据不同，动态数据是指在系统应用中时刻随时间的变化而变化的数据，包括所有在运行中会发生变化的数据，比如随着输入变量的不同输出不同结果的数据，以及一些库存数据等都属于动态数据。动态数据的产生和输入都与系统的时间紧密联系，动态数据变化可以记录事务过程的发展，网站访问量、某关键词搜索热度、平台在线人数、店铺日销售额等都是动态数据。

动态数据的类型主要有两类：动态波动数据和线性增长数据。动态波动数据是指随着时间的变化数值也发生变化但数值不能累加的数据，比如某个词的搜索热度就属于动态波动数据；线性增长数据则是具有数值累加性的，比如某用户的花销总额就是一个典型的线性增长数据。

由于时效性强，动态数据在交易过程中的风险就会比静态数据小很多，所以如果大数据交易以动态数据为基础就可以有更高的安全保障。但是，如果依旧使用传统数据交易模式进行交易，数据交易的难度也更高，因为动态数据的采集、分析、管理和应用都要求更高。

针对动态数据的大数据交易，最常用的方式是服务模型交易，就是将数据变化转化为相应的应用服务，根据用户调用服务的次数收费，这样就既保证了数据安全也最大限度地保留了数据的实效性。

在动态数据的交易中，最重要的组成部分就是服务模型，服务模型通过算法将动态数据的变化对应到不同的服务结果上。由于服务模型建模时可能会丧失一部分灵活性，只将动态数据放入模型中会导致结果不够精细，所以最好的方式还是省去服务建模，直接把动态数据应用到交易中，这样数据中含有的信息就不会有损失。

在区块链技术中，数据都是实时更新的，为动态数据的交易免去了收集和存储的烦恼，也为动态数据的分析提供了便利。以区块链为基础的大数据交易可以实现以动态数据最小交易单位为标准的目标，便于数据流通起来，发挥更大的价值。

第6章

区块链智能合约和大数据促进社会共治

区块链的一大特点就是智能合约（Smart Contract），把交易对人的诚信品质的需求转化为代码的完善。只要代码中写明了各方的责任，时间一到，系统就会自动执行，这样一来交易就更加公平公正，效率也会大幅提高。区块链的智能合约系统可以使社会的信用体系变得更加完善，帮助大数据更好地进行社会治理，促进社会共治。

6.1 智能合约概况

在区块链技术实现以后，智能合约才真正得到了实践，并表现出优异的成绩。智能合约以代码为依据，从构建到存储再到最后的执行都在区块链上被所有节点共同监督，实现了高度自治的逻辑闭环。目前的智能合约正在被更多的公司运用到公司治理中，帮助公司解决了许多问题。

6.1.1 什么是智能合约

智能合约概念的提出起源于1994年，几乎与互联网诞生在同一时期。"智能合约"最早是由跨领域法律学者尼克·萨博（Nick Szabo）提出来的，他对智能合约的定义是"一个智能合约是一套以数字形式定义的承诺，该承诺控制着数字资产并包含了合约参与者约定的权利和义务，由计算机系统自动执行"。

而且"智能合约程序不只是一个可以自动执行的计算机程序，它本身就是一个系统参与者，对接收到的信息进行回应，可以接收和存储价值，也可以向外发送信息和价值。这个程序就像一个可以被信任的人，可以临时保管资产，总是按照事先的规则执行操作。"

根据尼克·萨博的定义，智能合约从本质上讲还是一段代码，它不仅可以对某一条件做出反应，还能够接收和存储外界信息。如果把资产托管给智能合约，它就是一个绝对可信的管理者，不仅能够保管财务，还能严格按照约定进行一系列资产活动，减轻了财务工作者的工作压力以及财产所有者的理财压力。

那智能合约有什么存在的必要呢？在现实生活中，人们用以规范双方经济行为的口头约定、合同条款等都是传统合约。而传统合约的成功执行不仅在很大程度上要依靠责任双方的自觉程度，还会受到各种客观因素的影响，比如时间地理跨度、天灾人祸等不可抗力因素等。

举例来说，有A、B两家公司签订了合同，约定A公司每个月都需要给B公司支付一定的专利使用费用，后来A公司违反合同条约，不与B公司协商就单方面提前停止了合作，不再支付费用，这样就会导致B公司的损失。B公司想要让A公司赔偿损失，只能向法院起诉。按照合同约定，B公司会赢得官司，但是判决书生效后，B公司可能并不能及时拿到赔偿，还需要向法院申请强制执行判决。

如果A始终不配合，B的损失会在相当长的时间都无法追回。也就是说，在传统合约的约束下，一旦某一方违反合约给另一方造成了损失，想要追回损失的一方反而将要花费大量的时间精力才能拿到应得的赔偿。如果再考虑到合约的执行力也会受到各种不可控因素的阻碍，传统合约有时候不能完全符合人们对合约的要求。

然而智能合约就能解决上述问题。对智能合约来说，"一切皆代码"，判定执行的标准不会受到人类主观想法的影响，执行力也不会受环境的变化而改变。

只需要双方提前规定好合约的内容条款，比如什么情况算违约，违约后的赔偿机制等，一旦有符合的事件出现，智能合约系统就会自动执行合约内容。比如上文中的A公司私自停止支付专利费用，智能合约就可立刻按照赔偿条款将赔偿金额划入B公司账户并终止A公司的专利使用，这样B公司就可以减少损失。

除了将公司之间的经济交易变得更加顺畅，智能合约也可以给人们的日常生活带来许多便利。比如在房屋租赁中，甲因为工作原因和房东乙约定了两个月后才能进行交割，但是两个月后乙出国进修不能当面转交钥匙，甲乙两人经过协商就可以签订一个智能合约，约定甲在两个月后一定要给乙转入房租，同时甲的钥匙也一定要寄到乙手中。这样，只要合约签订，时间一到就会强制执行，两人都不会有损失。

区块链的优点就是透明度高，链上所有信息均对外公开，基于区块链的智能合约也可以选择开源代码使得合约成为全网公开的信息。传统的线下合约，一般需要双方签署书面合同进行执行，还需要完善的法律作为保护，需要咬文嚼字以确定双方的责任和权利被完全说明……而智能合约就没有这么麻烦，在区块链的支持下，智能合约能够自动执行条约内容，避免了以上问题。

另外，传统合约一旦在执行过程中出现了问题，双方都需要很多仲裁机构来介入，进行案件仲裁，仲裁公正与否很大程度上会受到道德考验。而基于区块链的智能合约则不同，合约的签订前会编写一个图灵，是一个无须第三方信任的代码，它帮助用户来构建一个完善的智能合约。

智能合约也有仲裁，叫作50%信任制的仲裁联邦。这个仲裁不是靠人去仲裁判断违约情况，而是一段代码。这个仲裁平台的概念就类似于现实经济活动中的法庭，负责裁判双方的行为是否违规。

总之，智能合约系统有事务处理和保存数据两大功能，既可以用作存档也可以用作执行。智能合约系统的核心理念是把一组复杂的事务和事件经过系统处理后，输出相应的一组事务和事件结果。它的存在可以将复杂的事件精简为数字化承诺的触发条件，在系统的强制执行下签订合约的参与者的意愿可以得到充分的实现，避免了由于环境变化带来的合约不能履行的损失。智能合约就像一个铁面无私的公证人，不讲私情，"只认代码"。

6.1.2 智能合约与区块链的关系

萨博提出智能合约理念的时候，并没有合适的数字金融系统能够实现这一理念，一直到比特币出现并被广泛使用，阻碍智能合约实现的因素才被一一解决，让萨博的理念有了实践的机会。可以这么说，是区块链技术实现了智能合约。

尼克·萨博的智能合约理论迟迟没能实现，一个重要原因就是一直没有能够支持智能合约要求的可编程的数字金融系统和技术，那么为什么传统的编程技术很难实现这一要求呢？

从表面上看，智能合约好像就是一段代码程序，当条件满足时，系统就会准确自动执行原定操作。但是在传统的技术上，系统中的数据被删除和修改的可能性很大，而且作恶者的身份及行为不易被查出，加上中心化因素的影响，都让智能合约在传统技术上无法实现最好的效果。

而以比特币为代表的"区块链1.0"技术具有去中心化的特点，分布式记账的方式恰好满足了智能合约对数据不可删改的要求，这些都为智能合约的实现提供了便利。在区块链1.0的基础上，区块链技术发展到"区块链2.0"，其代表性产物之一就是智能合约系统。

区块链2.0的优点不仅是将去中心化延伸到了货币和支付手段之外，扩大了去中心化的市场范围，还为智能合约提供了大展拳脚的机会。基于区块链技术的智能合约可以利用区块链技术的可溯源和防篡改功能避免恶意行为干扰合约条款的正常实施，这样一来，智能合约不仅可以发挥自身在提高成本效率方面的优势，还避免了传统技术带来的技术漏洞。

智能合约概念的提出者尼克·萨博曾在首届智能合约专题研讨会上发表主题演讲，把智能合约比作一台基于区块链的自动贩卖机。贩卖机的使用者只要将硬币投入机器，选中自己所需要的商品，在机器对硬币通过验证后就可以拿到商品。类似的，区块链的用户如果在智能合约中写入条件，当区块链验证条件符合后就会自动为用户执行操作。

比较成熟的智能合约系统主要有以太坊（Ethereum）和Symbiont。它们都是以区块链为底层支持的智能合约系统。以太坊主要使用Solidity编写智能合约，其智能合约工具箱在微软云服务上可以找到。

以太坊的智能合约系统在以太坊区块链上运行，其功能多、智能合约执行能力强，纳斯达克、摩根大通、VISA和高盛等多家大型金融机构使用智能合约系统均由以太坊提供。而Symbiont的智能合约系统以匿名、代码库安全性能更高为特点，已经获得了700万美元的融资，其公司估值也已达到7,000万美元。Symbiont已经与证券巨头金雅拓达成合作协议，双方将共同合作，让金融机构能够更安全地执行区块链上的交易及履行智能合约的内容。

不仅金融行业，在电商领域，智能合约能够帮助完善合作中的淘宝模式。智能合约能够帮助买卖双方解决信任问题，把支付宝作为第三方资金中介平台，实现买卖双方的放心交易。

随着淘宝的迅速崛起，在交易环节中出现了很多问题，例如，卖家雇佣水军狂刷信誉，为了获得巨大利益，内部日益腐败等。虽然淘宝是电商领域的领军者，但是仍然存在信誉问题。不仅仅是淘宝电商，其他领域也存在相同的问题。

在未来的电商领域，可以利用区块链技术建立一个去中心化的电商平台。该平台具有信任机制，不被外界控制。在该平台中买卖双方不需要再建立信任关系，直接实现交易，而交易信息被区块链系统存储，不可篡改。

在去中心化的电商系统中，利用以太坊的智能合约作为资金担保，这代替了支付宝这个第三方中介的作用，买卖双方之间可以直接实现交易。双方利用智能合约建立一个信誉体系，该信誉体系无法篡改，完全可信。随着时间的推移，该体系会变得越来越有价值。除此之外，该体系还具有全球性，能够实现跨境贸易。

把中心化的淘宝平台与区块链结合起来，能够彻底解决信誉体系不完善、假冒伪劣商品屡禁不止、国际化受阻等难题，为阿里电商提供巨大的市场发展空间。

马云先生多次提到BAT面临的困境，在信息互联网向价值互联网转变的过程中，冲击了现有中心化的互联网体系，尤其对 BAT 的冲击更大。面临这次危机，阿里巴巴集团积极采取策略，研发区块链技术来加以应对。

在区块链出现以前，智能合约只存在于人们的设想之中。区块链技术提供了把智能合约变为现实的机会。将智能合约纳入区块链系统中，可以利用区块链技术的特性来保障合约中的数据存储、数据读取和操作执行这一整个过程都处于透明可跟踪的状态，合约的内容不会被恶意篡改，这样就可以保障用户的利益。同时，借助区块链自身的全网共识算法，智能合约拥有了一套完整的状态机系统，这样智能合约不但成为了现实，其效率还非常高，具有实用价值。

如果要用一句话总结智能合约与区块链的关系，那就是区块链的出现将智能合约的设想变为了现实。

6.1.3 区块链智能合约的构建、存储和执行

前文提到，智能合约是一段建立在区块链基础上的代码程序，本小节将以不涉及具体代码写法的方式简单介绍智能合约的工作原理。

简单地说，智能合约和其他应用程序一样，工作原理主要由三大块组成：构建、存储、执行，如图 6-1 所示。

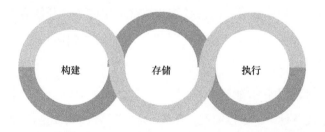

图 6-1　智能合约的工作原理

1. 智能合约的构建

智能合约的构建是区块链内的多个用户共同参与的。在协议中会明确记录

双方的权利和义务，然后智能合约平台的开发人员将这些权利和义务转化为电子数据进行编程，并在代码中写入会触发合约条款自动执行的条件。当代码上传后，只有所有区块链用户共同验证通过，该智能合约才算是正式生成。

2. 智能合约的存储

当智能合约的代码编写完成后，就会被传送到区块链上，智能合约就会通过区块链网络扩散到所有节点，被所有节点验证存储。

3. 智能合约的执行

智能合约系统会定期进行自动机状态检查，也就是定时检查是否已经发生相关事件产生了合约执行的触发条件。如果有触发条件被满足，在经过全网验证达成共识后，智能合约系统就会自动执行合约内容并通知用户。

下面以租房的事例对应解释智能合约系统的构建、存储和执行。

假设小明拥有一套闲置的房屋想要出租给小红，两人已经约定好每月 5 号之前小红需要将房租打给小明，小明在按时收到房租后将不会给房子断水断电。两人找到智能合约系统平台，希望形成一个智能合约。

第一步，构建智能合约。程序人员将合约的条款"小红 5 号前交房租""小明按时收到房租就不断水电"等内容转化为代码写入程序，如果该程序得到了全部区块链用户的验证通过，这份智能合约就构建成功并开始生效了。

第二步，存储智能合约。当程序员将智能合约传到区块链网络上后，全网就已经存储了这份合约。

第三步，执行智能合约。假如 2 月 3 号小红打了房租，这个事件就是该智能合约的一个触发条件"5 号以前交房租"，合约就会按照规定继续给小红供水供电。但是如果 3 月 6 号小红还没有交房租，就会形成新的触发条件"5 号前未交房租"，合约经过全网验证后就会通知小明并自动执行"断水断电"的条款。

这是一个简化了的区块链智能合约的工作流程，在实际情况中，必须考虑到智能系统的工作也是一个消耗计算机资源的过程，因此智能合约的服务是付费服务，只是它们使用的不是现实中的货币而是电子货币。

例如，在以太坊中的电子合约就需要消耗以太币。以太坊给常用的逻辑代码都规定了价格，一个智能合约所涉及的逻辑层次越多越复杂，执行该合约时所需要的以太币就越多。如果预先支付的以太币不够多，即使程序执行到了最后一步，也会因为欠费而回到最初的状态而不是保留执行到的最后状态。

用户在使用区块链的智能合约服务时所支付的款项并非给了某一中介平台。因为在区块链社会中，全部的区块链用户共同维护一个区块链账本，保障所有的数据不被篡改，并且利用区块链减少了出错率和人工成本，弥补这些资源的消耗才是用户的款项去向。

2018年3月23日，百合佳缘网络集团股份有限公司（以下简称"百合佳缘"）发布了《BHChain白皮书》。白皮书显示，"百合佳缘将打造一个全新的区块链平台——BHChain"。

BHChain具有两种合约：模板合约和自定义合约。模板合约经常被用在婚恋、房产、金融领域，在使用时，用户可以根据不同的场景选择不同的合约模板。更改模板时，用户只需要修改合约中的参数然后上传即可。自定义合约的合约逻辑需要用户自己设计然后上传，在合约触发时验证节点的环境中执行。

BHChain既支持商对商（B2B）、商对客（B2C）交易，也支持各类业务场景，但是，在不同的交易场景也中需要配置不同的共识算法来满足不同的使用要求。在BHChain中，共识算法是可插拔式的，它可以根据不同场景需求自动配置合适的共识算法，例如，BH_PBFT、BH_POS等算法。

BHChain以"用理性技术，打造婚恋社交中信任基石"为出发点，融合了区块链、大数据、人工智能等技术，为平台用户建立一个信用惩戒机制，打造全方位的新型婚恋社交生态体系。

百合佳缘表示，"BHChain是其利用区块链技术在产业中的应用实践，其首要功能就是为婚恋社交提供了一个全新解决方案，保证用户的隐私安全。"

在百合佳缘打造的BHChain中，融合了人工智能、大数据、生物识别认证等技术，能够对用户的合法身份进行有效认证。除此之外，它还建立了庞大的社交黑名单数据库，能够有效拦截和清除可疑用户。

BHChain中的反垃圾监测系统能够隔离可疑用户的账号，并单边隐藏其发出的垃圾信息，从而保护用户的合法权益。在线下的用户交友端，BHChain建立了智能合约机制，该合约机制可以由利益相关方共同商定各方的权利、义务、违约责任。

合约中的内容指标都被量化，一旦确定，任何人都无法更改。利益相关方产生的质押数字资产被存储在BHChain中，该数字资产通过密钥被加密，只有利用相关方才能转移，其他人没有权限。

如果有一方违约，根据智能合约的规定，质押数字资产会自动转移到守约方的账户。如果利益相关方都遵守了合约，当合约到期时，质押数字资产会根据规定自动退还到各自的账户。

如何激励用户的积极性？BHChain把用户对婚恋平台的诉求由单一的"一生一次"择偶选择转变为"一生一世"的婚姻情感家庭服务，和广大的用户一起来建立一个幸福的婚恋产业链。

BHChain是建立在真实的运营数据基础上的，这些数据经过了百合佳缘的层层审计。通过这些数据，BHChain能够对未来的业务发展做出精准评估。百合佳缘把业务发展的增量和现金流进行折现，计算出固定数量的激励池来激励用户。

在平台中，用户不仅不需要投入资金，还会获得平台中的奖励，用户获得奖励之后，就可以利用奖励在百合佳缘生态体系中兑换几乎所有的服务或者进行消费。

与发行ICO货币募集资金不同，BHChain通过激励来获得收益。由于平台中数字货币稀缺性和百合佳缘未来业务的强劲发展，所以该平台还间接具备增值和升值的潜力。

在激励池中，所有的价值数量都是固定的。这种模式使平台同时具备了内生性和外生性的价值，从而为百合佳缘业务生态中的价值用户提供了可靠回报。

在产业远景方面，BHChain作为打通百合佳缘产业生态的钥匙，使百合佳缘的整体战略从原有的婚恋交友平台扩展延伸到婚恋全产业链。这种产业链涵盖了婚恋交友、情感咨询、婚礼婚庆、房产、消费金融等各个板块。

BHChain将打通婚恋生态体系的各个环节，利用区块链技术把资产转移交易相关合同条款都存储到区块链中，只有在满足一定条件的前提下交易才能发生。一旦发生交易，利用点对点的复制功能可以更改所有账本。

在该平台中，一旦交易产生，就无法被篡改。如果交易信息错误，必须通过新的交易来代替，这个过程能够被实时跟踪。

利用区块链技术的智能合约构建、存储及执行可以通过以下方式来实现。

（1）智能合约构建：区块链中的多个用户共同参与制订一份智能合约。

（2）智能合约存储：利用 P2P 网络扩散到各个节点，然后存储到区块链中。

（3）智能合约执行：定期检查自动机的状态，验证满足条件的事务，在双方达成共识之后自动执行然后通知用户。

基于区块链的智能合约，在全网的监督下构建，被全网用户共同存储，一旦触发条件出现，就会在全网验证下自动执行合约条款。智能合约由于区块链的特性变成了全网共同监督的合约，并将违约的可能全部斩断，不让人有违约的机会。随着智能合约的普及，人们的日常生活会更加便捷。面对潜在的纠纷，无需自己多费口舌和精力，代码就会帮忙解决一切。

6.2 区块链与大数据促进社会共治方法

大数据自发展以来，涉及的领域就越来越多。由于其宏观特性，大数据也被引入政府部门，作为新型技术协助工作人员进行社会治理。传统的大数据管理为治理人员提供了全面的社会信息和一些初级的治理办法，在区块链技术的帮助下，大数据能够更进一步地开放共享，完善社会信用体系。同时，区块链也为大数据带来了程序操作自动化的智能合约，还帮助破解了大数据风控难题。

6.2.1 基于大数据的信用体系建设是社会共治的基础

大数据在社会治理上具有无可替代的作用，这一点是毋庸置疑的。大数据具有强大的数据采集能力，能够丰富信用数据的种类，将数据种类不再局限于传统的数据领域，各部门掌握的文字、图片、音视频文件都能够作为信用数据的来源。加上大数据的数据分析处理能力，能够充分挖掘出数据背后的信息，找出各种信用数据背后的联系，为社会治理人员做出有用的预测。在大数据时代，在大数据的基础上建立一个完善的社会体系是实现社会共治的基础。

随着社会对信用数据的重视程度不断加深，各个国家也开始不断完善各自的社会信用体系。在我国的《国务院办公厅关于社会信用体系建设的若干意见》中，国家明确指出要加快完善行业信用记录和信贷征信体系建设。

在大数据时代下，这些数据都可以通过大数据技术实现政府部门之间的信用数据整合和网上信用记录的采集。一方面政府信用数据的公示有助于提高政府部门的公信力，另一方面互联网信用记录能够提供交易数据、商业信用和社会信用等多个方面的数据来展现信用主体的信用程度，这样一来，大数据就为社会信用体系提供了一个公开透明的舆论监督环境，有利于促进社会共治。

完善社会信用体系的一大举措就是对假冒伪劣产品及知识产权的侵权行为进行严格打击，阿里巴巴就利用大数据技术严格打击网上售假行为，并联合政府相关部门和品牌商利用大数据技术制订并定期更新"线下假货分布及流通地图"以保护知识产权。

在电子商务越来越壮大的同时，假货也渐渐进入电子商务市场，更有甚者已经形成了专门线下制假线上售假的完整产业链条。电子商务市场要想健康发展下去，就必须严厉打击假货市场。如果是传统市场交易，卖假货的商家躲藏成本极低，不易被追查到。

但是，在电子商务交易平台上，打击假货市场就变得容易了。阿里巴巴集团首席风险官邵晓锋曾经针对阿里巴巴打假技术解释道，"在电子商务平台上，每一笔交易、每一个售假者都有迹可循，互联网可以成为打击制假售假的有力工具。"

邵晓锋还介绍了阿里巴巴是如何利用大数据打假的。通过全面记录线上销售的商品、经营商家背后对应的自然人信息以及商家的各种交易行为，阿里巴巴平台具有充分的大数据资源以进行建模分析售假行为特征。

如果某商家售假，那么他与正常商家在商品定价、促销活动等方面都会有所差异，经过复杂的大数据运算，可以对异常行为及时响应，警示工作人员进行进一步的人工判定。同时通过数据库记录售假商家的记录，阿里巴巴的打假平台能够判断新店注册者是否以前有过售假行为，减少新的售假店的出现。

通过不断完善细化打假平台的功能，阿里巴巴平台的大数据打假成绩斐然。阿里巴巴平台不仅成功发现并及时下架千万件侵犯知识产权的商品，还协助公安部门和品牌商严厉打击了线下制假窝点。

据《2017年阿里巴巴知识产权保护年度报告》数据显示，阿里巴巴平台上知识产权侵权投诉量下降42%，且投诉处理速度高，95%的投诉可在24小时内处理完成；24万个疑似侵权店铺被关闭，千万涉假商品被下架处理；阿里一年内共向全国公安机关推送涉假线索1,910条，协助抓捕侵权人员1,606名，捣毁线下制假窝点1,328个，这些案件的涉案金额约43亿元。

不仅如此，阿里巴巴还利用大数据勾画出了"售假区域图"，详述了各地主要的假货种类，见表6-1，帮助多地执法机关细致化精准打击制假分子。

表6-1　各地主要售假商品种类

假货种类	主要集中地
男女装服饰	长江三角洲
手表饰品	华南省份
运动户外商品	东南省份
护肤彩妆	广东沿海地区

全国打击侵犯知识产权和制售假冒伪劣商品工作领导小组办公室前副主任柴海涛对大数据参与打假活动发表意见说："说到底，打假的本质是市场信用体系建设的问题。利用大数据开启打假新时代，在保护商业秘密和消费者隐私基础上的信息公开与共享，打假需要引入社会共治的理念。"

大数据在社会信用体系建设中扮演的角色不仅仅是采集和处理信用数据的工具，它背后更大的作用是为使用者提供精准预测，辅助决策人员做出正确的决定。基于大数据技术的垂直搜索、自动学习等技术，可以改善现有信用评估体系在信用数据分析的多样性和精确性问题，提高信用评估的准确程度，及时预警潜在信用风险。

信息共享是社会信用体系发挥奖惩联动最大威力的前提,而大数据时代的到来则为社会信用体系建设提供了新的努力方向,也为完善社会信用体系提供了新的机遇。基于大数据的信用体系能够为社会信用数据带来共享的平台,所以说,基于大数据的信用体系建设是社会共治的基础。

6.2.2 智能合约通过代码和数据实现程序操作自动化

区块链的一大特点就是智能合约系统。作为一款能够自动执行合约条款的程序,智能合约能够利用代码和数据实现不同种类的程序操作自动化。与其他程序不同的是,智能合约不仅能够执行命令,还能够存储和记录数据,并给其他程序发送数据。应用于与经济活动有关的领域时,智能合约就像一个绝对可靠的人,既能够为用户保护资产安全,又能够为用户在支付程序中提高效率而且绝不出错。

据智能合约联盟与数字商务商会(CDC)共同发布的《智能合约:12种商业及其他使用案例》白皮书介绍,金融领域将是智能合约的一大应用场景。在金融领域,业务主要有验证用户数字身份并进行权益保护、资产数据资料的数字化技术、股权分割支付、产权交易、债务自动化管理以及其他金融衍生产品的交易。

在传统流程中,这些业务主要依靠人工操作,这不仅需要大量人工和时间成本,错误率也比较高;如果使用智能合约,就能够利用设定好的代码和数据将操作自动化,不仅提高了效率,还大大降低了出错的概率。

下面具体介绍几个利用智能合约实现程序自动化的应用实例,如图6-2所示。

1. 记录

在商业文件的记录应用方面,智能合约系统可以将统一商业代码(UCC)文件数字化,并按照代码设定并自动更新内容和发布流程,同时还可以自动地

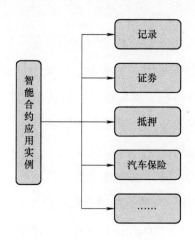

图 6-2　智能合约应用实例

完善贷款人的信用信息和贷款数额变化。如果某些记录随着时间的推移会变成无效文件，智能合约将会按照代码的指示，在特定时刻销毁已经无效的文件记录。比如甲按时还贷，智能合约就会自动消除他的抵押品限制，物归原主。

2. 证券

在现有的证券行业中，用户的资产被托付给了证券公司保管。作为第三方平台，证券公司有时会给用户带来许多烦琐的手续。利用智能合约则可以帮助用户简化资本管理流程，绕开证券中介平台。智能合约能够帮助用户管理资产并自动支付相应股息，在股票分割和债务管理等业务上也可以将工作流程数字化、自动化，给用户带去便利。结合了智能合约的证券行业，能够把复杂的资产统计和股息计算交给代码，不仅提高了效率，同时降低了操作风险。

3. 抵押

智能合约建立在区块链的基础上，具有全网信息互通的特点。智能合约能够自动连接各方信息，在抵押业务中可以用来帮助完成抵押合同的执行，同时智能合约可以在用户完成贷款支付后自动处理资金流向并从相关记录中释放抵押品的留置权。整个流程运行顺畅，无须太多人工参与，能够给用户提供良好的体验。

4. 汽车保险

针对汽车投保及赔付流程混乱的现状，智能合约提供了一种改善的方案。在生成智能合约时，可以将相关保险政策、行驶记录和事故报告都转化为数据的形式录入程序。当事故发生时，智能合约能够自动按照条款处理投保人的索赔申请、验证和付款全过程。

除了经济领域的应用之外，区块链智能合约还可以在去中心化的自治组织（DAO）的治理中获得应用。在传统的中心化组织中，组织依靠中心执行者和规章制度的限制维持稳定，而DAO并没有这些元素存在。如果在DAO成立之初建立一个智能合约，就可以利用智能合约的自动化管理完成一系列操作，比如自动移除违规成员、定时分配资金甚至在一定的情况下解除组织。

智能合约作为区块链技术的一大特点，能够在没有人工指点的情况下完成程序的自动化操作，这样不仅减少了人工成本，提高了效率，还能够实现严格按照规定办事的目标，减少纰漏。

6.2.3 区块链带来共享、共治性质的大数据

从大数据进入大众视野以来，"共享"一词也被越来越多人提及。从共享单车到共享马扎，从共享雨伞到共享健身仓，越来越多的共享商品出现在人们的日常生活中。共享经济提出了一个全新的资源配置方式，既减少了资源的不合理分配带来的浪费问题，也极大地方便了人们的日常生活，"共享"正在成为人们生活的常态。

共享经济能够得到前所未有的发展是有原因的。物联网的普及与发展将整个地球改造成了一个全球化的社区，世界上所有的人都被连接到这个社区中，共同使用和治理资源。在物联网的基础上，社会才有了把商品流通共享的机会，共享经济才能够迅速发展起来。

随着共享经济市场的扩大，现有共享经济模式的困境也开始一一浮现，比如智能终端的共享价值标准不统一、共享协议不够安全和现有机制不够灵活等。

尤其在大数据的共享开放成为了新时代的趋势后，这些问题变得更为突出。怎样完善现有的大数据市场以解决大数据的共享、共治问题自然也就成为了所有人关心的问题。

从"共享"的本意出发，真正可持续的共享经济，应该是从租用商品模式转变为充分利用闲置物品模式。共享经济传递的理念是"弱化所有权、强化使用权"，要在最大程度上激活"闲置资源"，真正让商品发挥作用避免浪费。

但是，现有的共享经济却有着集中化、租赁色彩重、商业竞争造成了大量资源浪费等问题，加上数据的共享会涉及用户的隐私和商业机密，实现大数据的共享共治比普通实体商品的流通共享更需要公平透明的环境。以去中心化为特点的区块链的出现，让纯粹意义上的共享经济有了变成现实的可能，也带来了具有共享共治性质的大数据。

区块链作为一个分布式的账本，其网络上的所有节点共同维护账本上的记录，本就是一个有着共治基因的技术。如果将区块链技术引入共享经济，就可以打造出一个完全透明的去中心化的共享平台。在没有任何形式的第三方中介的情况下，区块链通过全网验证的方式来保证各种交易数据不被伪造篡改，让交易方安全进行交易，这些交易方可以是个人、企业，甚至可以是政府。以区块链为共享经济的基石，大数据的共享共治就能够更加安全。

Smartshare 就是基于区块链技术的分布式网络协议，它具有中心化、去中介的特点，能够为共享经济打造一个具有智能可信任的底层构架。在 Smartshare 中，各领域数据资源互通融合，所有用户都可以访问使用这些资源，真正做到了共享而非租赁。Smartshare 逐渐接入共享出行、共享数码和共享民宿等数据资料，让数据充分流动起来，达到共享的目的。

Smartshare 还落地实现了全球第一个 Wi-Fi 共享经济项目，和必虎共享 Wi-Fi 合作打造全球第一个区块链共享经济路由器。用户通过必虎智能路由器可以把闲置的带宽资源上传到网络成为一组电子数据，每个智能路由器都是该区块链网络中的节点。需要使用宽带资源的用户可以进入系统获得共享的数据资源，进而得到对应的宽带资源。

Smartshare 作为极具代表性的例子，证明了区块链在数据共享上的潜力。共享模式的最终发展形式一定是一个去中心化的系统，大数据的共享尤其如此。

大数据需要打破行业壁垒，实现用户共享、共治才能发挥更大的价值。而具有共享共治性质的大数据，一定是由系统内所有的用户共同分享共同管理的。现有的共享经济模式更像是具有互联网元素的租赁经济，并不能让用户通过点对点的方式把闲置的资源流通起来，不能给大数据以共享共治的特点。

区块链通过去中心化的方式，创造了一个用户共同治理的网络，所有参与者都能够共享其中的所有资源，让陌生人之间也可以互相信任地无缝对接，效率也变得更高了。区块链的到来，给实现真正的共享共治创造了机会，让大数据真正拥有了共享、共治的特点。

6.2.4　智能合约破解大数据风控难题

金融业健康发展的核心在于风险控制（即风控）。随着经济的繁荣，金融业也快速发展，伴随着收益的增加，金融行业的风险问题也愈发凸显，由于风控措施不当造成的经济损失案件数不胜数。在金融界，最原始的风控模式是利用从业人员的个人经验预判风险，随着行业的发展，传统的风控模式显然已经跟不上时代的需求。当大数据技术兴起时，金融界立刻就将这项新技术运用到了风控中。然而，大数据风控真的能够完全解决金融风险控制的难题吗？

在金融界，大数据风控技术是指利用大数据分析技术对海量交易数据进行统计分析，预测金融风险并采取对应的管理措施。大数据风控具有两大核心原则：小额与分散。小额原则是指尽量让样本数据规模较大，避免出现"小样本偏差"影响分析结果；分散原则是指尽量通过不同维度的数据来分析借款主体，比如人口属性、经济水平和社交偏好等，以此来建立一个尽量全面的风控模型。

基于大数据的风控举措突破了传统风控模式的局限，能够更充分地利用交易数据，同时避免了人为因素的干扰。与传统风控模式相比，大数据风控降低了进行风险预测的成本，提高了风控措施的准确性，是金融行业风控管理的重大革命。但是随着大数据行业的局限渐渐显露，大数据风控也出现了难题。

首先，大数据风控在遇到数据孤岛现象时会束手无策。在大数据没有实现完全的共享之前，大型互联网公司占据了绝大多数的数据资源。如果没有安全的数据交易模式，这些大公司不会轻易开放自己的数据库。而在没有收集到足够多的数据资源的情况下，大数据对金融风险的预测就会具有偏差，金融欺诈风险会大大增加。金融信贷行业如果想利用大数据提高风控水平，就必须采取措施打破数据孤岛。

其次，数据的质量问题也会影响大数据风控的准确性。一般来说，大数据有相当一部分是来自于互联网的社交数据，这些数据大多属于半结构化数据或非结构化数据，其真实性和利用价值都很低。当这些数据运用到金融风控中时，不仅不能得出有效结论，甚至可能得出恰好错误却难以检查出的预测，造成严重的经济损失。

例如，电商平台的刷单交易数量，社交网络上的虚假信息和水军，都是无意义数据的表现。这些数据质量极低，但是由于大数据采集时并不能筛选剔除它们，低质数据只能一同进入大数据分析系统中，给大数据风控结果带来负面影响。

最后，大数据风控过程中存在着数据泄露的问题。根据 Verizon 发布的全球调研报告《Data Breach Investigations Report 2015》显示，一年内得到确认的数据泄露事件超过 2,000 起，而每一起泄露事件都极大地打击了公众对大数据风控的信心，大数据风控的有效性也因此而降低。

这些痛点都在基于区块链技术的智能合约系统的出现后得到了解决。智能合约系统能够充分连接网络中的各个节点，帮助解决数据孤岛问题；智能合约能够定时检查系统数据，删除无效数据，减少数据库中无效数据的比例，提高了数据质量；智能合约通过自动验证用户身份，按照合约内容执行操作，降低了数据泄露的风险。

深圳星桥金融服务公司曾推出一款基于区块链技术的智能合约共享平台系统。通过该平台，金融机构可以共享各类金融信任数据，免去了重复信用校验的过程，可以将业务办理时间缩短到原来的 15%～36%。通过智能合约平台将数据共享，最终是为了提高大数据风控能力。

智能合约系统是一个可编程交易的数字金融系统和技术。通过代码设定，智能合约系统能够有效弱化金融机构中心在大数据风控技术中体现出的数据监管和用户身份验证的作用，这样就降低了人为操作因素带来的潜在风险。随着智能合约技术的成熟，越来越多的金融机构开始在公司布局构建智能合约系统，帮助提高大数据风控的性能。

6.2.5 海尔经营智能合约平台，合同形成从22天减至2天

海尔公司在众多大型公司中率先使用了区块链技术，经营了智能合约平台，把人力、财务、法务等众多职能联合在一起，共同形成一个大共享平台。在该智能合约平台上，海尔和客户、物流以及银行等合作伙伴全部连接在一起，把整个商业活动从生产到销售再到使用的全部生命周期都涵盖了，极大提高了签约、履约的效率。

海尔公司旗下的海尔集团（青岛）金融控股有限公司（以下简称海尔金控）成立之初，集团首席执行官张瑞敏就曾经说过，希望海尔金控是"产业里最懂金融的、金融里最懂产业的"。在区块链进入金融行业的风口，通过区块链的技术实现新时代的"产融结合"就是海尔金控对自身定位的一次有力回应。

海尔公司规模巨大，要处理的合同数量更是惊人，大约每年就有90万份合同需要处理。而每一份合同往往都需要法务、财务和人力资源等各个部门共同协作进行制作和签订，90万份合同背后就意味着更大的人力物力资源的消耗和时间的消耗，如果能够通过技术的改进，将合约审核的时间缩减，节省下来的成本就相当可观了。海尔经营的智能合约平台就是基于这个考量出发，打造出台的。

海尔智能合约平台将大数据、云计算以及区块链三者结合，通过程序算法，把合同的电子数据区分为标准模块和非标准模块两大类，业务人员可根据实际情况自主组合模块。由于合同由模板自动生成就可以免去审批这一环节，这对于大型企业提高效率是非常有力的举措。

另外，海尔还利用区块链安全、共享的特点，让签订双方在签约前能够就智能平台提供的合同模板进行商议，避免商讨阶段起草协议时无指向性的情况

发生，这样也大大减少了双方的签约时间。

在签订过程中，智能合约平台还能够帮助合约双方实现公司内部的实时同步和线上的交互确认，省去了多个环节多次重复审阅的过程，精简了合约的确认流程。同时智能合约还能够在合约内容发生变动时帮助双方直接在线上进行交易、更改合约环节，并及时对修改后内容进行同步更新和时间戳记载，实现线上签约和证据固化。当智能合约签订后，就会自动执行合约内容并将双方的履行情况实时显示出来，减少违约的可能性。

除此之外，海尔的智能合约平台还可以通过大数据技术不断收集、整理、分析海量的合约内容，以机器自主学习的方式，逐渐扩大和优化各类合同文本模板，进而不断减少在不同情景下起草合约时所需要进行的人工调查和撰写。在智能合约平台的助力下，海尔强大的律师团队的业务已经从审核合同转变为把各种非标准的合同升级为标准模式并上传至智能合约平台，劳动力被大大解放出来。

海尔智能合约平台的出现颠覆了传统的合同签订流程，是全球首例在法律领域探索运用区块链技术的案例。根据海尔金控战略投资总经理龚雯雯在"2017中国财富论坛"上的发言，智能合约平台已经能够将合同形成时间从原来的22天缩至2天，效率的提高实现了商业活动中各方的共赢。

第 7 章

"区块链+大数据"的未来趋势

作为 21 世纪两大热门科技，区块链和大数据都在以各种方式改变着人们的生活。从最先试水的金融界，再到谨慎并坚定地推进科技治理的政府部门，区块链和大数据的应用已经在世界范围内渐渐铺开。区块链和大数据的脚步不会停下，它们在未来会为人类社会带来新的机遇。

7.1 "区块链+大数据"技术开发趋势

中国银行前行长李礼辉曾在博鳌亚洲论坛 2018 年年会的"再谈区块链"分论坛上表示，我国在区块链技术方面已取得了两大突破，基于国内巨大的市场规模和市场潜力以及强大的投资能力，我国的区块链底层技术研发和应用已走在世界前列。

从区块链技术出现开始，技术人员对它的研究和开发应用就一直没有停过。BAT、谷歌、苹果等科技巨头纷纷试水区块链技术应用，并获得了令人兴奋的成就。当区块链结合了大数据，互联网有可能迎来从底层技术到上层应用的颠覆性革命。

7.1.1　底层系统开发：去中心化+区块链构建+数据安全

区块链技术最初就是一种去中心化的底层技术，它能够实现体系内数据的一致性存储，并保证数据无法篡改、无法抵赖。区块链是一种点对点的技术，能够建立无第三方的流通平台，使用户之间建立点对点的信任。区块链可以让资源在传递过程免去中介的干扰，提高资源价值交互的效率并降低交易成本，有望成为重塑互联网信任体系的基石。

腾讯集团副总裁、腾讯支付基础平台与金融应用线（FiT）负责人赖智明曾表示，"区块链能够实现信息共享与保护隐私、共同决策与保护个体利益的双赢。"在大数据产业中，以去中心化的理念为基础，利用区块链技术构建新的底层系统，能够开发出保障数据安全的应用体系，加快数据共享和流通开发。

区块链技术起始于比特币的发行和流通，当区块链已经进入3.0时代，人们开始期盼区块链技术能够真正获得实际应用。和大数据技术一样，人们普遍认为区块链技术最先落地的应用场景是金融领域。区块链技术联合大数据技术一起，能够在金融领域构建新的底层系统，重塑信用体系，为金融交易保障数据安全。

金融领域的核心就是信用的建立，传统的信用建立机制依靠众多第三方平台作为中心化机构来为交易双方的诚信背书。由于第三方平台不是完美的可信任平台，金融行业目前存在着利率偏高、有时无法检测出恶意骗贷、用户个人隐私泄露等诸多痛点。如果不能够用新的方式重塑金融市场的信任机制，这些痛点就不能够从根源上解决。而区块链技术恰好能够通过构建一个去中心化的底层平台的方式重塑信用机制，减少中介费用，并全方位保障用户数据安全。

Distributed Credit Chain（以下简称DCC）公司希望基于区块链技术构建一个去中心化的底层架构，重构信贷生态。DCC已经和DATA、京杭区块链等在底层技术上达成了战略合作，并已在DCC公链上推出了首个成型的借贷产品应用。

在区块链底层技术的支持下，链上的借贷应用能够把用户的交易数据交还给用户，把借贷报告也还原给用户，让用户真正能够自主保管资料。同时该借贷应用还能够通过机器学习存储金融服务种类，从而能够向各种机构或个人用户输出标准化的金融服务，方便各方用户轻松接入系统，实现信用自由流通。

因为区块链底层构架的存在，DCC 保证了系统的去中心化特点，消除了传统金融机构和互联网金融机构等第三方平台。没有了中心化机构的垄断，借贷活动就真正实现了个人点对点的交易，降低了中介费用，也减少了第三方泄露资料的风险。这样一来，借贷生态也就达到了生态共建、双方互惠、公平竞争的目的。

基于 DCC 区块链的第一个实际应用"小借条"已经成功上线。在"小借条"应用中，用户的借贷痕迹以及行为数据都会被区块链技术一一记录下来，并且永久保存。除此之外，用户的信用数据由用户自己保管，没有第三方参与，以此降低数据被篡改和泄露的风险。在整个生态链上，DCC 以电子积分的方式量化和回馈用户对生态的贡献值，用户上传了自己的信用数值或者按时履行借贷条约，就会获得电子积分"Token"。Token 作为系统中的奖励和可使用的货币，能够激励用户坚守信用，加速生态共建。

据 DCC 项目创始人及 CEO Stewie Zhu 介绍，过去借贷金融行业的很多数据都是被污染过的，甚至有高达 40% 的数据是造假数据。在将应用落地前，开发人员需要不断校验数据的安全性，进行用户身份认证。DCC 会和众多相关机构展开合作，扩大身份识别和征信数据的范围，最终在区块链上打造和真实世界中相对应的用户信用体系。

在业务布局上，DCC 希望能够通过区块链技术实现全球金融借贷行业的改革。Stewie 说道："现在我们想尽快地布局国内区块链业务和技术合作，因为国内有大量的数据样本，通过这种方式加密可以解决很多现实问题，包括系统性金融风险、数据泄密的问题，并且这样的模式在全球市场中是可以复制的。"DCC 所构建的信用链大生态是可以在全球推广应用的，公司将在全球各地区如纽约、日本等逐渐建立分部，通过区块链的底层技术开发实现全球化资源整合，最终实现全球化的金融信用链。

随着区块链技术的进一步发展及其在金融业应用的成功，其"去中心化"及"数据安全"的特点也在其他领域受到了越来越多的重视。人们开始想到，借助区块链，互联网的底层技术可以得到新的开发方向，整个社会都可能因此获得颠覆性的发展。区块链的应用绝不会仅限于金融领域，任何有需求的领域都可以在区块链的去中心化思想下获得意想不到的成就。

去中心化的底层系统能够帮助整个互联网行业构建新的信用体系，加上区块链的数据追踪功能可以保障数据安全，公证、仲裁、物流、医疗等各个领域都可以从中获得突破性的应用。各个行业的大数据在以区块链为基础的底层系统上流通时，不用担心被第三方篡改和泄露，数据资料是绝对安全的，因此大数据技术也能够更好地帮助各领域发展，突破瓶颈。

7.1.2 上层应用开发：社交区块链+金融区块链+信用区块链

区块链发展到 2.0 阶段时已经成为了可编程的技术手段，也就是说，区块链 2.0 是可编程的区块链，可以直接用来开发操作系统，实现开发应用。在区块链 2.0 的现有基础上，能够开发出各种区块链中间件，为多种上层应用（如贸易金融软件、社交软件和信用管理软件等）提供统一的接口。用户应用这类软件时，就可以无须考虑底层平台的编程语言和使用场景等的不同之处，实现无障碍的应用转换。因此，区块链未来可以助力更多的上层应用开发，为大数据技术提供更多应用平台。

下面分别以社交区块链、金融区块链和信用区块链为例，介绍区块链技术与大数据结合在上层应用开发上的前景。

1. 社交区块链

从国外的 Facebook、Twitter 到国内的 QQ、微信，人们常用的社交平台都是完全的中心化的平台，也就是说，这些社交平台掌握了其用户在网络社交时产生的一切数据资源及信息，并对用户社交账号的使用具有控制权，权力之大可见一斑。

在中心化的社交平台上，用户创造数据资源，数据资源所产生的利益却不为用户所享。不仅如此，中心化平台全面掌握用户的社交数据对个人的信息安全而言是很不利的，加上社交平台泄露用户数据的事件时有发生，中心化的社交平台已经不再是互联网用户的最佳选择。如果将区块链分布式技术应用到社交应用的开发上，就能够打造一个可信任的点对点的社交平台，既保证了社交的安全性，又让用户的社交数据回归于用户，用户可以从自己的社交数据中获得收益，也减少了数据泄露的风险。

Qtum 量子链已发布第二个社区项目"微夏"（Qloha），该项目是区块链技术的扩展应用，能与现有主流社交平台如微信、iMessage 等融合。该项目和公司第一个社区项目"春邮"一样，都希望能够通过区块链技术与现有社交平台融合的方式，提高区块链产品化的能力，真正实现区块链的落地应用。

微夏取名于世界上最早的无线通信网络协议 Aloha，项目发起人帅初介绍说"微夏"最初的想法是想将区块链技术结合微信的小程序，在引入社交功能的同时辅以加密货币的管理和收发功能。微夏项目已经完成了原型建立，并已基本完成了相关微信小程序的开发工作，与 iMessage 结合的开发工作正在进行，也将很快上线。

除了"微夏"项目，网络上还有许多类似的基于区块链技术的社交平台，它们都会涉及数字货币的流通甚至交易，希望以此能够扩大区块链的应用和去中心化的社交平台的便利。基于区块链的社交平台，能够解决现有社交平台的痛点，减少社交数据的泄露风险，并能够给用户带去社交数据产生的收益。利用去中心化的区块链技术开发社交应用会重构下一代社交网络价值，带来全新的网络社交方式。

2. 金融区块链

金融与区块链是最容易发生碰撞的，金融区块链的构造也将会是最早见效的。众多金融公司都在区块链上投入了许多精力开发新型应用平台，而目前已经成熟的区块链金融平台有车贷资产证券化的区块链平台等。

在金融市场中有一些场景在传统交易模式下存在着参与节点多带来的交易流程烦琐、成本高以及验证效率低等问题，如资产证券化、保险、供应链金融等交易模式。如果实现交易流程链上化，就能够提升交易的透明度，加快交易速度。以已经成熟的区块链平台在车贷资产证券化中的应用为例，它能够实现资产池统计、产权切割、资产结构化设计、资金存续期管理等功能，并将流程在链上公开，提高交易操作的透明度。资金方能够看到资金的全部流动去向，提高交易信心，而且由于没有了第三方中介，而是以"P2P"的形式，原来以日为单位的交易周期可以缩减至以分钟为单位。

区块链的"金融时代"将产生重大意义，京东金融也对此进行了深入研究，京东金融研究院和工业和信息化部下属中国信息通信研究院云计算和大数据所共同撰写了《区块链金融应用白皮书》（以下简称白皮书）。白皮书中探讨了区块链针对金融行业的十大应用场景的落地应用，认为区块链以联盟链的方式切入会更适合金融领域的应用。

区块链的分布式记账、不可篡改、内置合约等特点，能够帮助金融软件解决困扰市场多年的问题，并有望吸引更多交易者大胆参与金融贸易活动，为金融行业带来更多生机。

3. 信用区块链

以智能合约为代表的新型区块链技术带给未来社会的最大冲击就是可能以代码的形式重构社会信用体系，将来的信用评价体系、信用产业乃至各行各业，都会因为区块链的应用发生巨大的变化。

正如早期的互联网一样，区块链会在3~5年的时间里为人们的生产和生活的方方面面带来变化。在信用方面，基于区块链的技术软件能够解决中介信用问题。在过去，两个互不认识和信任的人要达成合作必须要依靠第三方担保，比如网络购物需要支付宝等中介平台暂时托管用户资金。但当信用区块链应用成熟以后，基于区块链技术的信任机制能够消除中介机构。不管是普通人，还是经济人，其信用数据都会映射为一个"区块链ID"，在新的道德体系中接受评估。

著名的《经济学人》杂志曾发表过一篇题为《The trust machine》的封面文章，文中将区块链比喻为"信任的机器"。区块链技术从根本上重塑了信任体系，将信任以货币的形式进行评估。在区块链体系下，信用就是货币，货币就是信用；信用可以创造货币，形成资本；信用越高资本越丰厚。

原本信用只是对某个人的道德评价，通过区块链却能够转化为可以计量的货币。信用区块链可以让信用更直接地与价值挂钩，帮助市场量化交易者的信用值。基于区块链的软件应用能够给未来带来更多互联网应用的可能。

区块链的技术开发趋势将会从底层系统延伸至上层应用，在与大数据技术结合的情况下，能够为互联网带来更多的开发可能。

7.2 "区块链+大数据"助力人工智能

从首次在国家层面被认可为重要战略，到写入"十三五"规划纲要，再到被写入政府工作报告，"人工智能"的重要性已经不言而喻。随着"人机大战""人机对弈"等报道的增多，人机界限已经渐渐被突破，人工智能已经不再只是一个工具，更是跨物种合作的一扇门。

作为人工智能技术的强力后盾，大数据为人工智能的发展提供了强大的数据基础。区块链不断优化大数据，并能够作为生产关系反作用于人工智能，区块链+大数据将与人工智能深度融合，使人类从生物生命体进入到科技生命共同体，最终和机器一起发展，进入智慧生命体。区块链和大数据将助力人工智能以不可思议的方式改变人类，改变世界。

7.2.1 区块链优化后的大数据：人工智能的优质油田

"大数据"从第一次出现在年度新兴技术成熟度曲线，到从曲线中消失变成"主流"技术，只花了四年时间。大数据早已不再是新生事物，而是一种已经为各种产业带来实际收益的科学技术。大数据不仅孕育了以数据资源为资产的大数据产业，还为人工智能的突破带来了曙光。

在20世纪70年代的人工智能瓶颈期，除了计算机性能不足和问题复杂性带来的建模困难，人工智能迟迟不能突破的另一原因就是数据量严重缺乏。由于缺乏足够大的数据库来支撑计算机程序进行深度学习，相应的机器也就无法读取足够量的数据实现智能化的目标。大数据技术的出现,为长久停滞不前的人工智能技术带来了突破口。有了足够的数据进行深入学习,机器就能够学会以往只有人类才能理解的概念知识,同时学习掌握应用这些概念知识的方法,将其应用到之前没有出现过的新情景中,也就是实现了"人工智能"。

随着大数据技术的成熟,人工智能技术也开始突飞猛进。从语音助手 Siri、Alex 等,到无人驾驶技术,人工智能涉及的领域已经非常广泛,和人们的日常生活也已经产生了千丝万缕的联系。

大数据是人工智能的基础。在大数据的采集中,涉及的不仅仅是结构化数据,还有大量的非结构化数据,以及许多来自于社交网络等的大量不同维度的繁杂信息。只有将这些数据处理好后用于机器的深度学习,才能够带来有效的人工智能进步。但是由于大数据技术现在遇到的各种瓶颈,人工智能的发展也受到了阻碍。人工智能的基础是大数据,大数据的优化自然也能够带来人工智能的进一步优化发展。而区块链技术恰好能够弥补现有大数据技术的不足,因此区块链能够给人工智能开辟出新的优质油田。

区块链对人工智能的优化可以体现在以下几个方面,如图 7-1 所示。

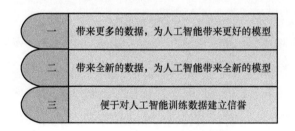

图 7-1　区块链的对人工智能的优化

1. 带来更多的数据,为人工智能带来更好的模型

区块链的去中心化特点能够鼓励数据共享,为人工智能带来更好的数据模型。人工智能以数据为基础,数据越多,建立的模型越完善,机器的智能化程度也就越高。不过,现有大数据常常是以孤岛式存在的,没有安全的共享机制,大数据数量有限。

区块链的出现为数据共享建立了完善的信任机制，激励了各企业打破数据孤岛实现共享数据。这种数据共享可能会出现在同一企业的不同地区办事处之间、某一产业的生态系统里面等。

（1）在企业内部不同地区办事处的数据共享

使用区块链技术能够将企业内部的各个办事处的数据连通起来，实现不同地区的数据共享。有了这些新数据，企业就能完善初始的基于某一个地区层面构建的人工智能模型，打破地区的限制，更准确地预测客户流失率等信息。

（2）在某一产业的生态系统内部的数据共享

在传统意义上，同一产业内的公司，比如各大银行，互相都是竞争对手，数据资料作为机密一般不会被共享。但毫无疑问多家银行的数据共享合并后，能够为银行带来更完善的人工智能模型用以预防信用卡欺诈。

2. 带来全新的数据，为人工智能带来全新的模型

区块链在帮助打破数据孤岛的同时，还能因为建立了更好的数据流通机制而释放出更多的数据。新的数据的增加，不仅仅是数据集的完善，还能够为人工智能建立起新的模型，带来新的突破性应用。

以人工智能在验证钻石的真假并为钻石预测价格的方向为例。在没有区块链技术背书的情况下，为了降低仿制钻石的真实度，钻石的验证参数一般很少被共享。有了区块链的支持，钻石认证实验室的数据就可以被收集作为人工智能系统的学习数据，加上对钻石报价等数据的学习，就可以建立一个新的既能验证真伪又能预测价格的人工智能模型。

3. 便于对人工智能训练数据建立信誉

在人工智能模型初步建立后，还需要通过训练数据不断完善模型的细节。如果训练的是垃圾数据，得到的也会是垃圾模型。那怎样才能知道输入进去的训练数据是否是垃圾数据？也就是说，怎样才能为输入的数据建立起信誉？区块链技术可助一臂之力。

在构建人工智能模型以及对其进行训练的每一步中，数据的创建者如果坚信自己的数据准确无误,可以利用区块链为数据打上时间戳,进行数字签名处理,并添加到区块链的数据库中,就能够为后期数据的溯源提供条件。

在模型的构建和运用过程中,通过溯源数据就能够迅速找出错误的源头,就像银行的对账操作一样,只不过操作对象是人工智能模型。不仅如此,区块链还提供了用密码验证的机会来检验数据和模型的情况。也就是说,区块链为人工智能模型的数据建立了信誉,为数据源的检查提供了条件。

由此可见,在经过区块链的优化之后,大数据的质量能够有很大的提升,能够为人工智能技术提供优质的数据来源,或者说,区块链可以优化大数据为人工智能技术提供优质"油田"。

7.2.2　区块链重塑生产关系反作用于人工智能

在历史发展过程中人们通过中心化的社会组织达到了极高的生产效率,现有的生产关系也仍是以"中心化"的形式运行的。但随着生产力变得智能化,中心化的生产关系的短板渐渐显露,人类社会需要一种"去中心化"的生产关系。而区块链最与众不同的地方就是它能够从技术层面直接改变社会"中心化"的特点,因此区块链技术将有望为社会重塑生产关系。

区块链能够让生产关系实现去中心化,进而带来更多的价值流转。更进一步讲,在去中心化的生产关系下,人工智能的应用也将更上一个台阶,其背后的价值也将会得到更多的发掘,具体可以体现在以下4个方面,如图7-2所示。

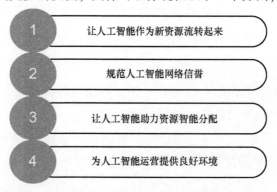

图7-2　区块链重塑生产关系带来的人工智能应用变革

1. 让人工智能作为新资源流转起来

就好比初级产品比如木材融合了附加价值成为了家具等最终产品，人工智能也可以看作是大数据资源发展出的新产品。由于大数据的价值体系和交易网络就已经很复杂，人工智能作为资源进行价值流转时肯定会需要更加缜密的价值交换网络体系。而在区块链定义的去中心化的生产关系下，资源的流转不需要中介参与，信任成本大大降低，交易的程序也将简化，刚好适合人工智能这种数据化的资源形式。

在区块链搭建的价值交换体系内，人工智能资源可以用极为简单的点对点的方式进行交易。有了方便高效的流通方式，人工智能的价值才能够得到实际的认定和充分的挖掘。就像一套房子有了交易转手才能够从简单的住房变成商品创造更多的经济收入，区块链给人工智能带来了作为商品流通的机会，能够让人工智能的价值在流通中得到充分的发挥。

2. 规范人工智能网络信誉

随着人工智能技术越来越深入人类生活，人类通过人工智能产品在虚拟世界留下的数字化足迹也变得越来越多、越来越重要，而由于网络的匿名性，有些违背人类道德体系的言行无法得到应有的震慑和惩罚，怎样规范人工智能技术带来的更进一步的互联网信誉问题亟待解决。

区块链网络由于可以记录全网络参与者的身份，为规范人工智能网络信誉提供了新的可能。在以区块链体系为基础的新式社会生产关系下，网络上的所有参与者，哪怕是非人类成员比如人工智能设备，都将拥有一个唯一的身份信息。这个身份信息不仅是其所有者的身份认证，还包含了所有者的信誉信息（包括经济信用、口碑评价等）。这样一来，网络上的不当言行将有迹可循，人工智能背后的网络信誉问题也能够得到较好的解决。

3. 让人工智能助力资源智能分配

人工智能技术的发展已经实现了各种智能交易中介，能够大大提高交易过程中的资源分配效率。但是由于生产关系依旧是传统的中心化的生产关系，中心化组织在资源配置中处于掌控地位，这在一定程度上阻碍了资源实现最优分配。不仅如此，在中心化的生产关系下，先进的人工智能技术也无法实现某些资源的敏捷配置比如闲置 Wi-Fi 的共享等。

当区块链技术成功变革了社会生产关系后，以上问题都会因为"去中心化"的实现迎刃而解，人工智能技术就能够更加全面地分析资源分布和需求情况，一方面迅速生成资源的最优分配方案，一方面能够作为智能中介提高交易效率。如果应用得当，人工智能技术还能够在区块链塑造的去中心化的生产关系下参与引导社会活动，为社会管理优化发展起到极大的帮助作用。

4. 为人工智能运营提供良好环境

当区块链技术成功变革了社会生产关系后，社会的管理规则也将发生新的变化。区块链技术为社会信誉带来的强大背书，将不仅仅体现在智能合约的实现上，还会影响社会公德的评价体系。这是因为区块链为社会的所有交易提供了信誉保障，有了信誉，利益的收益或受损就显得直观且敏锐，因而社会公德的评价体系就会变得条理分明。在这样一个所有的事物都有着明确标准的规范化社会内，使用物品的重点将变成为它们找到最合适的应用场景，将其价值最大化，而这，正是人工智能最擅长的东西。

区块链作为全新的生产技术，不仅能够加快生产力的发展，还能够带来生产关系的变革，让生产关系更新为去中心化的新形式。这样一来，区块链技术反而能够以另一个角度反作用于人工智能技术，推动它进一步发展。

7.2.3 "区块链+大数据"与人工智能深度融合

7.2.1 节介绍了大数据和人工智能技术的关系：大数据是人工智能的基础，大数据的发展一定会带来人工智能的技术突破。当大数据和区块链充分结合后，再与人工智能技术深度融合将会给社会带来更大的收益。

区块链在大数据的准确记录、认证和执行方面有着极大的优势，人工智能则能够帮助方案决策评估以及理解数据模型和数据集。以大数据为桥梁，区块链和人工智能具有一些共通之处。首先，两者都要求数据共享。区块链本身就是一个分布式的数据库，尤其重视各个节点之间的数据共享，人工智能则在数据越开放的条件下生成的预测和评估才会越准确。其次，两者都需要保证数据的安全。由于没有中介，区块链上的交易必须有一种方式来保证交易数据的安全可靠，对于人工智能来说，为了把保证机器自主运行时的意外降到最低以避免灾难性事件的发生，就需要保证机器学习时使用的数据是安全有效的。最后，作为技术，这两者想要得到广泛的认可，就都需要具备一个健全的信任机制。

当区块链和大数据技术充分结合即形成了"区块链+大数据"之后，就能够和人工智能技术进一步融合发展，具体的成果有以下3个方面，如图7-3所示。

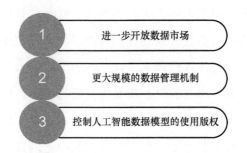

图7-3 "区块链+大数据"融合人工智能的发展成果

1. 进一步开放数据市场

人工智能技术的进步依靠数据来源的多样性。现在的人工智能巨头公司（如谷歌、亚马逊等）都具有自己的人工智能数据源，但是这些数据并不在数据市场上流通。当区块链和大数据技术充分融合后，区块链就能够为大数据的交易保证安全，加快数据市场的发展壮大。有了数据市场的壮大，人工智能技术自然会有进一步的发展。反过来，人工智能技术得到了发展后，一定会反哺数据市场，为评估数据资源和进行数据决策提供更完善的方案。在这种良性循环下，数据市场就会不断地健康发展，迎来一个自由开放的数据时代。

2. 更大规模的数据管理机制

无论数据是否成为了对所有人都开放的资源，数据的管理都是重中之重。在区块链技术的支持下，由于数据分布在世界的各个角落，即使发生了灾害或者黑客攻击了某些数据集，数据的安全性也可以得到保证。在这种优势下，人工智能的子领域"通用人工智能"就能够完全地发挥出自己的实力。在不用考虑数据安全的前提下，通用人工智能就能更好地建立出一个反馈控制系统的模型，以实现自主代理人和物理环境之间的反馈交互。这样一来，数据管理就变得自主性更强，规模也就可以得到进一步的扩大。

3. 控制人工智能数据和模型的使用版权

前面提到过，人工智能模型可以看作是大数据资源经过加工后的最终商品，一定会发展成为能够进行交易的商品。而人工智能的模型在市场上进行交易时，也一定会面临着所有商品都碰到过的所有权限定的问题。而由于人工智能数据模型不同于其他商品能够通过直观的视听感官直接发现侵权行为，"区块链+大数据"的应用就显得尤其必要。

为了保障数据模型的版权，创建者一般通过在程序中设定某些必要的许可证以防止盗版。在区块链技术的帮助下，这一过程将会变得更加容易。数据一旦生成，就会有时间戳跟随记录，所有的访问者和使用者都会被记录，创建者还可以制定数字签名从根本上杜绝盗版的可能。这样数据模型的使用版权就可以完全控制在创建者手里，尤其是一些需要隐私的行业，其人工智能模型将在"区块链+大数据"技术的帮助下获得更大的收益。

全国人大代表、苏宁控股集团董事长张近东曾经在两会上发表意见，认为"数据不能割裂，更不能垄断，而要成为全社会的共享资源，简单地说，大数据也要'改革开放'。"他还说道："我建议，在共建社会数据开放共享平台的过程中，逐步加大引入人工智能和区块链技术，利用技术融合优势，提高对风险因素的感知、预测、防范能力。"

从张近东的话中可以得知，区块链技术和人工智能技术相结合是未来数据产业发展的必然方向。而由于这两者的基础都在大数据技术上，"区块链+大数据"的成功必然能够和人工智能技术深度融合。现在也已经有不少企业在这个方向做出了尝试，"韦特大脑"就是其中的一个案例。

"韦特大脑"是一款根据企业需求为企业判断出其所在的发展阶段并匹配客户的人工智能软件。韦特大脑运用了大数据技术，深度学习了多种客户知识后拥有了机器智慧，并能够通过区块链技术快速进行人和企业、企业和企业的精准匹配。韦特大脑在区块链和大数据结合的基础上融入了人工智能技术，能够把企业的数据价值更大化，同时，韦特大脑经过不断的锻炼、学习，对新对象的诚信预测也会越来越精准，能够实现信用体系的数字化。

"区块链+大数据"将会是未来技术的发展方向，但绝不会是重点。"区块链+大数据"能够让两者充分互补，同时还为和人工智能的进一步融合创造了条件。"区块链+大数据"和人工智能技术深度融合后，能够全面实现科技化和人性化的目标，为社会做出更多贡献。

7.3 共享经济日益繁荣

随着各种共享单车的出现，"共享经济"成为了全民讨论的热词。从根源上看，共享经济能否成功还是取决于企业是否有实力做到实时调度数据并具有强大的数据掌控能力。在现有的数据技术下，大企业有实力把自己公司的共享经济模式做大做强，小企业却很难。如果没有新的技术发起数据革命将数据变成公共社会资源，共享经济中的数据还是会被行业寡头所垄断，如果小公司有了创新的共享经济模式，也可能因为缺乏足够的数据资源难以将其实现。也就是说，限制共享经济实现繁荣发展的其实并不是数据本身，而是传统的数据使用方式。区块链技术带来了数据使用方式的变革，因而为实现数据革命带来了曙光。结合大数据技术，区块链技术能够实现数据的社会共享，进而带来全新的共享经济模式，并促进整个行业不断创新。

7.3.1 区块链缔造崭新的共享经济

在谈论到区块链技术时，阿里巴巴集团学术委员会主席、湖畔大学教育长曾鸣曾经在"3点钟无眠区块链"微信群里发表了他的看法，并阐述了他对区块链和共享经济的关系的看法，他这样说道："我个人认为目前的共享经济不是真正的共享，更多是资源的分享。真正能创造大价值的是共创，是未来的 P2P 模式，是众多 P 的网络协同，而这个模式肯定是建立在区块链技术的支持上的。我看的项目不多，很期待看到这方面有创新的项目。"

换句话说，在没有区块链技术的支持下，共享经济还"共享"得不够彻底，崭新的共享经济模式需要区块链来缔造。

目前"共享经济"的典型代表有网约车如滴滴、共享单车如摩拜以及共享食宿如 Airbnb 等，这些经济模式都体现了"资源共享""分享即收获"等共享观点。但事实上，由于这些商业模式都是通过中心化平台先聚合资源再发放资源，从某种角度来说并不能够叫作"共享经济"，称之为"聚合经济"反而更加恰当。那为什么说区块链技术就能够帮助缔造新的共享经济模式？

所谓"新"共享经济模式，一定和现有共享经济模式有着本质上的差异。而上文也说明了传统共享经济模式在本质上并不能算是"共享经济"，所以"新"共享经济模式也有可能恰好回归到了共享经济的本质上。从这个角度讲，区块链的应用一定是必不可少的。下面从共享经济的两个本质特点的角度详细阐述区块链技术能够缔造新共享经济的原因。

1. 共享经济不应该有共享者与消费者之分

正如曾鸣所说，真正的共享经济应该是 P2P 模式的。而现有的共享经济模式都是中心化的思想，提供资源的共享者和使用资源的消费者界限分明。而真正的共享经济不应该有共享者和消费者之分，人人都应该是共享经济的参与者。

在共享经济的生态系统中，全体成员一定都是共生共荣的，不会存在某个企业单独获利、其他企业被打压的现象，这种特点恰好和区块链的去中心化思想不谋而合。区块链技术作为一个无中心的技术，依靠的就是全网共治实现技术发展。共享经济结合区块链技术能够实现生态系统中的所有成员共同参与，让共享经济真正达到一个"无对立"的商业状态，回归共享的本质。

2. 共享经济转化成共生生态

当共享经济实现之后，进一步的发展一定会是实现共生生态，传统的为自己企业服务的价值链形式一定会被摒弃。在完善的共生生态下，每个参与共享的端口都可以直接通过分享行为获得收益，也不会有中心平台从中抽取利益。这种模式可以结合区块链技术，其中每一个共享者都是区块链网络中的一个节点，这样一来，资源共享者就从原来的被动参与者转化为了具有主动选择权的主体。

以网约车模式为例，传统的网约车车主只能通过中心化平台的指派去做特定的运输工作，而在共生生态中网约车车主自己就是一个独立的生长节点，能够独立选择业务模式。无论是运货还是运人，长途还是短途，所有与车有关的业务车主都可以选择。

共享经济的高阶模式共生生态在区块链技术的基础上才能实现，因为区块链技术提供了"分布式自主"的基础。在区块链的支持下，不需要中心化的"领袖"带领从业者前行，人人都是中心的共生生态体系才可能实现。

在畅销书《区块链革命》中，作者 Don 和 Alex 设想了两款基于区块链技术的共享经济软件 BAirbnd 和 SUber。其中，BAirbnd 是类似于 Airbnb 的真正的共享食宿的经济模式，SUber 则是类似 Uber 的共享网约车经济模式。

在这两者的平台上，都不存在中心化的商家。当有租客想在 BAirbnd 上租房间时，BAirbnd 软件就会通过区块链搜集网络上所有愿意被共享的房源信息，并通过房源的交易记录生成信誉评价，按照要求过滤后显示房源信息给客户。同样的，在 SUber 中也不再存在通过链接乘客和司机来获得高额提成的中心化平台公司，乘客与车主将通过区块链提供的加密手段进行点对点的联系，车主和乘客的信誉也将被区块链记录生成不可篡改的真实评价。

虽然受限于技术条件，BAirbnd 和 SUber 还没能够完全实现，但毫无疑问的是，区块链的存在为塑造崭新的共享经济模式提供了可能。

7.3.2 "区块链+共享经济"促进经济创新

共享经济能够迅速蹿红甚至带来现象级的商业竞争，不仅仅是因为它迎合了消费者的需求，让"闲置资源"重获生机，更重要的是因为它提供了一种全新的思维方式，思维方式的更新才是众多投资者青睐共享经济的根本原因。

共享经济具有很大的价值，这一点是毋庸置疑的。值得注意的是，虽然共享经济理论上具有十分广阔的外延，但是目前的共享经济的运营模式却相对单一，而且不少共享经济公司的运营模式实际上还是以短期租赁为主。也就是说，现阶段共享模式应用遇到了发展的瓶颈，如果加以创新共享经济仍有着非常大的发展空间。在共享经济创新的各种尝试中，"区块链+共享经济"的模式最有发展前景，而且有望推动整个市场共同创新。

全球资产数字加密委员会（World Assets Digital Cryptology Committee，WADCC）是一个顺应区块链时代成立的非官方机构，旨在为全球用户提供数字加密服务和推广区块链应用和发展。WADCC曾打造了一个基于区块链技术的新式共享经济商业模式，名为"颐脉数字生态系统"。在该商业生态系统中，商家以加盟的形式入驻，消费者自主选购后得到统一配送。

为什么说颐脉的经济模式可看作是融合了区块链技术的共享经济模式？首先其底层架构是以区块链技术为基础，没有中心化的平台存在。其次，在颐脉数字生态中，人人皆可提供产品，即形成了资源共享。最后，配送渠道也是共享的。因此，颐脉是一个"区块链+共享经济"的现实案例。

由于区块链的介入，商品（正品）的供应链信息变成了消费者可以自己查阅的信息，供货商的信任问题得到了解决，这样就不再需要统一的中心组织平台供货，商家加盟店就成为了资源分享的自主终端，直接通过点对点的形式交易获利。不仅如此，颐脉的线下加盟店还能够自主拓展周边商品、社区服务甚至公益活动，共享经济的外延得到了充分的拓展。

通过颐脉的案例，还能够看出"区块链+共享经济"带来的更深层次的商业意义。在没有区块链的时候，共享经济只是单纯表面上的分享，是一种被中心平台限定范围的单领域；有了区块链以后，共享经济变成了共享生态，走向了自由扩展的多领域，共享行为也成为了海绵化的深度共享。在这种条件下，将会有更多的创新经济行为，具体从以下几个方面进行阐述，如图7-4所示。

一	"海绵共享"拓展商业周边产品
二	正品保证不再"口说无凭"
三	支持跨国界共享经济
四	推动营销模式不断创新

图 7-4　"区块链+共享经济"推动经济创新的具体表现

1. "海绵共享"拓展商业周边产品

在现在的一些共享经济的商业模式下，资源提供者的资源共享模式都是"垂直"的，也就是资源的使用方式是被指定的、不能够多样灵活使用的，比如滴滴只专注于用户代步出行、Airbnb只专注用户的食宿需求。

资源的垂直化利用也许并非共享者的本意，因为多样化的利用才能给共享者带来更多的利益。但是由于中心化平台提出时的功能针对性，平台上的资源也就被迫"垂直化"，参与共享的用户只能妥协。

如果在区块链上，共享资源的使用方式就可由共享者自主决定，资源共享的领域也就变得十分广泛。这样一来，资源所有的使用模式和内容都可以被吸纳进来，传统的共享变成了"海绵共享"。以一间空闲的房间为例，传统的共享经济只能给该房间一个固定的用途，而海绵共享方式就可以让该房间既可以用来出租给上班族，也可以用来给度假人群开派对，还可以改造成小型读书馆。通过一个区块链软件的共享经济，共享行为的丰富度和参与性都得到了极大的提升。资源共享者可以以自己的原始资源为起点，充分拓展周边商品，丰富共享经济的内容。

2. 正品保证不再"口说无凭"

在共享经济中融入区块链技术还能够解决零售行业一直以来的正品保证问题。在零售业，由于传统的供应链渠道需要经过"制造商 + 渠道 + 销售"的多个环节，消费者对商家提供的正品保证凭据总是心存疑虑，信任问题得不到解决。而在区块链的共享经济中，商家自主加盟成为销售终端，再加上供应链在区块链上会被全程记录，商品的正品保证成为了具体可查的信息，信任问题因此得到了解决。

3. 支持跨国界共享经济

传统共享经济受限于国界，不能够将各国国产商品进行跨国共享。但是有了区块链的支持后，共享经济就成功扩大到了世界范围内。整个区块链共享生态内，每个节点终端都能够自主提供商品资源，持续输出受欢迎的当地商品。借助共享，各国好的商品都能够以最低的成本打开国际市场，实现跨国交易。

4. 推动营销模式不断创新

马云曾提出"新零售"和"无人零售"等新概念，这些概念其实都是随着消费模式升级营销模式跟着变革而产生的。在消费升级过程中，消费者的消费需求已经渐渐从商品消费转向了内容消费，在消费过程中体会到的参与感和个性化变成了重点。而共享经济就是一个全民参与的经济模式，所以共享经济一定会是未来主流的消费模式，那么营销模式也一定要能够迎合共享经济的特点。

在传统的营销模式中，多以会员制度为用户制订个性化服务，在未来的"区块链 + 共享经济"模式下，这种营销模式就不再适用。除此之外，区块链的存在能够让成员共同创造价值，企业可以通过这种方式在得到经济利益的同时创造社会价值，实现"名利双收"。因此，未来的营销方案将会有与现在大不相同的思维角度。也就是说，"区块链 + 共享经济"将会推动营销模式不断创新，促进行业发展。

总而言之，"区块链 + 共享经济"是未来共享经济发展的方向，能够为深化共享经济形式产生巨大影响。在引入区块链技术后，共享经济的潜力将得到进一步的释放，能够推动整个行业深化创新，获得可持续发展。

7.3.3　Smartshare：借区块链为共享经济插上翅膀

区块链技术具有去中心化、公开透明等优势，能够解决共享经济现有瓶颈，并有望实现让所有可共享的资源都被共享的目标。许多科技公司已经着手将区块链技术应用到共享经济中进行尝试，SmartShare 就是其中的一个案例。

SmartShare 将共享经济和区块链技术充分结合，并提出了"智能共享"的全新概念。根据媒体报道，Smartshare Protocol 利用区块链技术和数字 ID 等技术手段进行资产数字化，将链上资产进行确权认证，并通过智能合约手段保证共享实体的价值输出过程如实可靠。

根据 Smartshare 创始人的介绍，Smartshare 积极倡导共享合作的理念，希望通过区块链技术帮助改善现有共享经济中存在的资源浪费等问题。通过区块链技术引导每一个节点加入到资源共享行业中，能够创建一个全民参与的共享型社会，实现真正的共享生态。

在 Smartshare 中，有一个基于区块链技术的共享价值协议。在该协议的指导下，SmartShare 落实了各种共享资源的价值认定。另外在实现了共享价值交换的同时，SmartShare 还能帮助用户节省大量流量、电力资源。Smartshare 支持各种硬软件设备接入，并不断扩大应用场景，已经确定的接入共享网络的产品包括共享流量、共享计算和共享存储等应用场景，具体介绍如下。

1. 共享流量应用

Wi-Fi 已经成为了人们日常工作生活都不可或缺的一部分，路由器设备的数量也随着人们需求的增长而成倍增长着。智能路由器数量不断增多，但是路由器的利用率并不高，主人去上班，家里的路由器仍旧开着的案例比比皆是，共享流量就是共享经济的一大热点。

在 SmartShare 中，其共享价值协议支持不同的智能路由器终端设备在区块链上进行登记确权，在智能合约的保证下让空闲 Wi-Fi 的使用权让渡给有需要的人，实现 Wi-Fi 共享。通过分享自己空闲的 Wi-Fi，分享者可以获得数字资产 Token 作为奖励。

2. 共享计算应用

随着云计算和大数据等高新科学技术的发展和普及，人们对数据的计算处理需求变得越来越迫切。为了增加计算力，大多数企业选择了横向扩展机房的方式。这种方式费时费力不说，而且不实用，一旦算力要求又提高了，机房就又要扩大。由于每个人都拥有的电子设备（如手机、笔记本电脑等）都是具有一定运算力的智能设备，如果能够将这些设备闲置的运算力利用起来，就能够得到一份十分强大的计算资源，这就是共享计算应用的初衷。

在 Smartshare 中，每个愿意共享计算力的智能终端都会拥有一个智能芯片，系统通过智能芯片串联起整个共享生态。有计算力需求的用户可以在链上找到共享的智能设备终端，得到允许后可以通过智能芯片的连接使用该设备空闲的计算力资源。

3. 共享存储应用

在 SmartShare 的智能分享应用场景中，还有一个非常独特的共享模式，就是共享存储。SmartShare 构建了一个存储网络，所有用户的终端都会参与到这个存储网络之中。这个存储网络基于区块链技术，有自己的共识机制和奖励机制。用户在链上共享自己的存储空间或是上传有价值文件供他人下载使用，做出贡献的收益以及下载使用资源时的交易货币都是通过数字货币完成的，交易记录不可篡改、真实有效。同时为了保障用户的隐私安全，SmartShare 上存储的文件都通过了不对称加密，具有对应的私钥，只有获得授权的用户才能访问资源。

从工业革命以来，尤其是互联网技术出现之后的短短十几年间，人类社会在不断的进步中发现去中心化将是社会发展的最终方向。到了物联网下的万物互联时代，去中心化将会更加彻底。人们将会通过点对点的方式接入网络，在区块链上进行一系列社会活动。在区块链的推动下，共享经济将会渗入人们生活的方方面面，社会也会成为一个高度协同共享的分享型社会。

区块链能够帮助共享经济在共享行为中体现资源价值，为共享经济插上翅膀，实现让有共享价值的物品都能够在共享过程中获得价值回报的目标。SmartShare 的案例将区块链和共享经济的结合变成了现实，应用场景也十分贴近现代生活。经过不断的调整发展，以 SmartShare 为代表的区块链技术下的共享经济一定会给世界带来全新的变化。

7.4 打造新职业

任何新技术出现，都必然催生新的职业需求。在区块链日益火爆的风口上，区块链行业的人才需求也渐渐加大。根据相关媒体报道，区块链相关人才需求年增长高达 9 倍，而且区块链相关行业薪酬普遍较高，平均薪酬可达到 25.8k/月。

除了高薪特点之外，区块链行业还具有高端、精英行业等特点，众多区块链从业者都是互联网行业的高端人才。抓住区块链人才紧缺的风口进入这个行业，才能不被时代所抛弃。

7.4.1 区块链研究员、高级顾问

与其他互联网行业一样，区块链行业一定对研究员和顾问有人才需要。

区块链研究员主要负责区块链架构和技术研发，研究基于区块链体系的数字货币即行业应用，开发和实现智能合约技术和加密技术，设计安全协议和架构。该职位的月薪在 50k 到 100k 的范围内，对比互联网行业的其他领域是属于一个薪酬较高的职业选择。

比起技术岗位的研究员职位，区块链的高级顾问岗位对技术的要求没有那么高。但这并不意味着这个职位对人才的要求不高，相反的，这个职位要的不是纯技术人才而是高端复合型人才。作为顾问，一个基本要求就是具有客户接

洽管理能力；而作为高级顾问，还需有过硬的技术知识做支撑。高级顾问也许无法迅速说出具体哪个程序如何写，却可以充分理解相关术语并为客户提供基本完善的解决方案。

一个主攻技术，一个作为技术和客户之间的桥梁，区块链行业的研究员和高级顾问都是对区块链技术有着充分的知识储备的高端人才。由于行业正处于爆发的时期，人才缺口大，如果抓住机会抢在人前对区块链进行了充分了解，就能够提前进入行业站稳脚跟。

7.4.2 区块链视觉设计师

除了互联网行业常见的研究员和顾问岗位，区块链还出现了一些与其他行业相关的创新职业，比如区块链视觉设计师。这份职业的主要工作就是将区块链通过可视化的方式展示出来，在区块链的相关文章中出现的类似图 7-5 的图片就是区块链视觉设计师的工作成果。

图 7-5　区块链视觉设计师的工作成果示例

设计师 Kimi（陈相宇）就是一名成功的区块链视觉设计师。他本身从事数据分析的视觉化工作，由于工作的关系接触到了比特币和区块链技术。对区块链产生兴趣的 Kimi 在细致学习了区块链技术后，认为区块链技术虽然很新颖但是很难被普通人直观感受，他决定利用视觉展示的方式帮助区块链走进大众视野。于是 Kimi 从传统的数据分析视觉化工作转型，成为一名区块链视觉设计师。

其实区块链视觉设计师的工作远比图 7-5 的示例要复杂。区块链视觉化设计的目的在于通过图片的直观展示，提升区块链运作模式的可接受度。通过区块链视觉化设计，深奥难懂的区块链交易可以通过图形图标的方式展现出来，交易双方也可以通过区块链系统追踪资金货物的流通情况。通过区块链交易的可视化，可以提升人们对区块链技术的信心。

Kimi 这样评价区块链视觉设计师的工作，"透过视觉化的展示，降低了了解区块链技术的门槛，让普通民众都可以了解到区块链的基本运作原理与对未来金融交易的重要性。当普通民众能够更了解区块链，愿意采用与参与的概率便会大增，透过此机制亦可以知道普通民众对于区块链设计的疑虑，在下一代的区块链设计中便可以预先把该疑虑排除。"

除此之外，Kimi 还对区块链的视觉设计有更深层次的期待和思考，他认为区块链视觉设计"主要展示的部分为比特币早期交易的流动与流向，有助于了解加密电子货币早期的发展情况，可作为下一代加密电子货币的设计参考。"

这是因为视觉化的方法能够直观地展示区块链交易的历史记录，不论是 10,000 比特币兑换一个披萨的交易，还是比特币兑换率达到最高值的时期，视觉化的工作都能够利用图表将其直观表现出来，有利于人们进行分析并吸取经验，以此为未来的电子货币设计提供参考意见。

"正义与公平往往是驱使我们采用新体制的动力，从人类最早的以物易物到现在的数字加密货币，其实都存在有待改进的地方。透过视觉化设计，可以将不足的地方用显而易见的图形呈现出来，并给予修正。" Kimi 说道。

由于区块链的接受度还不高，普通民众对区块链的颠覆性思维一时难以接受，对相关试行产品也持有怀疑态度。为了区块链技术的推广，区块链行业的视觉设计师也成为了众企业竞相争夺的香饽饽，月薪也可达到万元以上。随着区块链技术的快速发展，区块链视觉设计师的未来的职业前景十分光明。

7.4.3 区块链数据科学家

"数据科学家"一词是由 Natahn Yau 首次提出的,是用来描述那些采用科学方法、灵活运用数据挖掘工具从众多数据中寻找有效资料的高级工程师们。数据科学家既是互联网技术专家,又是数量分析师,不仅需要能够敏锐地洞察出数据传递的信息,还要能够通过客户数据创造不同的产品,为客户提供服务。与普通的数据分析师相比,数据科学家不止擅长数字,还能理解业务,知道什么数据才是有经济价值的,更重要的是,他们能够让客户公司的 CEO 们理解技术人员所做的一切。一言以蔽之,数据科学家是高端复合型精英。

科技记者 Derrick Harris 在其文章中对数据科学家的核心能力做了介绍,归纳为以下 6 种:对数据的提取与综合能力、统计分析能力、数据洞察与信息挖掘能力、开发软件能力、网络编程能力、数据的可视化表示能力。当区块链和大数据产业进行融合后,又催生出了需要懂区块链技术的区块链数据科学家。合格的数据科学家本就万里挑一,现在又需要具有区块链知识作为基本要求,该岗位的人才紧缺程度可想而知。

区块链作为互联网行业的高新技术,一方面催生了许多新的职位产生了许多就业机会,另一方面也提出了严苛的人才筛选条件。要想能抓住机遇,掌握区块链技术一定是必不可少的。

7.5 "区块链+大数据":与欺诈说再见

随着金融交易行为的线上化趋势,人们生活变得越来越便捷,但由于技术的不完善,线上金融交易的欺诈案件时有发生。当大数据技术进入金融行业后,由于数据采集、分析和加工等过程的繁杂,群众理解接受程度有限,数据泄露、数据滥用等事件带来了信任恐慌,数据金融行业的欺诈概率反而被无限放大,金融行业的反欺诈形势在这场没有硝烟的攻防战中越来越被动。

要想阻止欺诈的发生，就需要从根源处着手，解决大数据产业现存的痛点，即中心化平台带来的信任问题、数据共享不充分以及数据泄露等问题。由于区块链技术和大数据结合后，能够作为可被完全信赖的第三方调解人为数据供需双方提供公开透明的记录，而且能够建立"分享＋流动＋信用"机制避免身份欺诈，用加密技术保障数据安全，所以"区块链＋大数据"能够帮助解决金融反欺诈的现有困难，与欺诈说再见。

7.5.1 "区块链＋大数据"：值得信赖的第三方调解人

在大数据金融行业，"原始数据脏"已经成为了业内人士最为头疼的顽疾。所谓"原始数据脏"，就是指原始数据质量低、有效数据少，或是数据被篡改、被污染过。大数据技术的核心和基础都在于数据，如果数据出错，利用大数据技术进行的大数据风控预测自然是无效的。解决原始数据的来源问题，是实现大数据风控的第一步。

由于现实因素的限制，许多对大数据有需求的企业并没有足够的客户资源自行收集到足够多的数据，所以大数据的买卖交易就成了许多企业的大数据来源。无论是否是金融行业的数据交易，数据需求方都会希望自己买到的数据是真实有效的，而数据供应方则会希望自己的数据卖出去后不被转卖使自己遭受损失。

现有的大数据交易平台只能够做到联系交易双方、提供交易平台，并不能控制交易发生前和发生后的数据动态，加上有留存数据的潜在威胁，它并不能够得到大数据交易双方的完全信任。

如果在大数据中加入区块链技术，既能够摒弃现有的中心化的大数据交易平台，也能够在区块链上详细记录大数据交易前后的动态，也就是说，"区块链＋大数据"成为了值得信赖的第三方。当发生交易纠纷时，区块链的记录可以还原当时的场景，充当公正的调解人。

正是因为值得信赖的特点，"区块链＋大数据"在金融风控领域拥有极大的应用潜力。区块链能够详细记录所有的互动信息并全网公开，这样即使是互不信任的人也可以合作。版权纠纷、离婚诉讼、金融经济交易等都可以使用"区块链+大数据"的技术，具体到金融反欺诈上，"区块链+大数据"有三个优势。

（1）区块链这个分布式账本是实时更新、不断调整的，任何细节都会及时反映出来，那么在金融交易中的任何小动作都不能轻易掩藏，具有欺诈特征的行为能够及时被大数据分析工具检测出来避免金融风险。

（2）区块链的更新需要全网验证，只有交易双方的身份信息得到了核实的情况下才能够对区块链上的数据进行更新操作，这样就避免了黑客利用技术漏洞进行欺诈。

（3）由于区块链只能够接受获得许可的网络接入，用户可以自主选择自己的数字信息存储在哪里、共享给谁，这样就避免了金融交易中因为数据泄露带来的欺诈风险。

随着互联网金融朝着规范化的方向发展，大数据风控建设必将会成为各大金融平台的建设重点。在金融交易等各个领域，寻找一个客观公正、值得信赖的信用背书都是实现交易互动的前提。

当区块链和大数据充分融合后，大数据风控体系将会迎来一个绝对值得信赖的第三方调解人，利用它能够极大地提高交易的可信程度，降低欺诈风险。

7.5.2　如何避免身份欺诈：建立"分享+流动+信用"机制

身份欺诈是一种极为常见的犯罪手段，所有盗用他人身份信息的行为都可以称为身份欺诈，例如网络游戏中使用外挂软件、考试替考等行为从广义上讲都是身份欺诈。一般来说，"身份欺诈"一词更多用于金融相关领域，比如盗用身份信息进行贷款抵押、信用卡诈骗等。身份欺诈不仅造成了经济上的损失，还带来了隐私信息安全的隐患，避免身份欺诈是众多领域都急需解决的问题。

身份欺诈的手法日渐增多，从盗用信用卡支付到盗用身份信息开通账户进行贷款等，再到非法软件未经用户授权擅自开通"溢价"服务，不论是哪种方法，身份欺诈行为都是通过盗用一个人的个人信息来非法盈利的，要想从根源上解决问题,就应该寻找一种方法从技术上杜绝盗用用户身份信息的可能。

用户对自己在互联网上形成的用户数据信息没有自主权是不法分子能够盗用用户信息造成用户损失的重要原因,如果能够将身份信息的自主权交还给用户,就可以杜绝用户隐私泄露等诸多问题,区块链技术正好能够满足这个需求。

在以区块链为底层构架的互联网中,用户对自己产生的数据具有自主权,是否加密、是否提供给某一平台使用都由用户自己说了算。同时,当用户数据允许某一平台使用自己的数据后,平台对数据进行的操作也会在用户源头处有反映。那么有欺诈者想要非法访问和修改更新用户数据时,区块链就可将其数字痕迹记录下来。这样一方面防止了软件机构的恶意行为,另一方面降低了冒用身份的风险。

身份欺诈除了给用户带来损失,也会给银行等金融机构带来风险。区块链不仅能够消除用户群体的身份欺诈隐患,还能够为金融机构建立起防范机制,阻止身份欺诈行为的发生。

由于区块链技术能够在不透露具体数据信息的条件下公开透明地进行数据交易,对加快数据流通起到了极大的促进作用。当数据能够无障碍流通后,金融行业的信用数据也可以打破壁垒,建立起"分享+流动+信用"机制。

所谓"分享+流动+信用"机制,就是金融机构的用户信用相关数据互相分享,数据能够无障碍流动,以此全面完善行业信用机制。银联数据已经联合金丘股份公司利用区块链技术设计了一款共享积分系统,实现银行间的信用积分管理,各行可以轻松知道用户在其他银行的信用积分水平,用户也可以通过该平台实现跨行信用积分兑换。

银联数据研发部的新技术研究部门的李涛先生对此表示,"区块链是近两年备受关注的一项新技术,其本质是一种分布式的可靠数据库。由于集合了分布式数据存储、点对点传输、共识机制、加密算法等计算机技术,相较于传统的集中式数据库而言,其具有信息透明、数据防篡改等优势,因而其在一些多方协作、信息不对称的场景中大有用武之地。"

为了避免身份欺诈,银行业其实很久以前就出现了多方银行共同参与管理用户信用积分的设想,但由于传统的解决方案不能够解决跨行积分的价值统一以及交易信息不明确的问题，加上维护成本高等原因，共享信用机制并没有成功建立。根据李涛先生的话可以发现，区块链在此方面刚好能够解决大部分问题，具体的优势有以下 4 点，如图 7-6 所示。

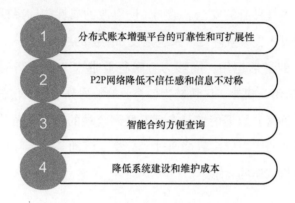

图 7-6　区块链建立共享信用机制的优势

1. 分布式账本增强平台的可靠性和可扩展性

区块链的信用积分记录是利用分布式账本完成的。比起原来的信用记录系统，用户的信用积分情况能够在所有的银行系统中都有复刻，实现了信用数据的流动分享。这样一来，信用平台的信用数据更加全面，数据可靠性和可扩展性得到了增强。

2. P2P 网络降低不信任感和信息不对称

区块链的交易是 P2P 模式的，将其用于银行间的信用数据沟通时，就能避免第三方支付平台和银行卡所属银行的信用积分系统之间的转换工作。对于各银行而言，这种方式能够让交易记录变得透明可见且可追溯，降低了合作成员间的不信任和信息不对称的问题。

3. 智能合约方便查询

在银行共享信用数据系统内使用区块链技术，还能够利用区块链带来的智能合约进行用户信用积分的查询，便于合作银行进行清算对账、积分开户等功能。

4. 降低系统建设和维护成本

区块链技术本身具有的安全、透明、防篡改的属性能够降低工程师在保障数据安全方面的投入，有效降低了系统建设和维护的成本。

通过区块链的灵活运用，能够为金融行业带来一个全新的信用体系——"分享+流动+信用"机制。区块链为各企业的数据分享做了信任背书，加快了数据流动，让有价值的数据能够分布到互联网金融的每一个角落。对于互联网金融行业非常重要的用户信用数据通过"分享+流动+信用"机制能够为各大企业带来避免身份欺诈的新思路。

7.5.3 反思脸书"数据门"：IT 巨头重视区块链数据加密

脸书曾发生了一桩涉及 5,000 万用户社交数据泄露的"数据门"事件，数量之大令世界震惊。如果仔细阅读新闻报道，就能知道此次"数据门"不同于通常情况下的数据泄露事件，甚至事件中也不存在"黑客"这一角色，但是实际上，这比黑客攻击系统漏洞导致的数据泄露事件更能揭示大数据时代下的关于数据安全的核心难题。

在这次的脸书"数据门"事件中，起因是剑桥大学学者、俄罗斯裔美国人 Aleksandr Kogan 曾开发了一个名叫"thisismydigitallife"的心理测试 APP。他以用作学术研究的理由向脸书公司申请让脸书平台连接这款 APP，以方便该 APP 能够获取用户的社交数据。在"thisismydigitallife"的平台上，用户们注册使用之前需要同意该 APP 获取他们或好友的数据，包括个人资料、发布过的内容以及点赞评论等各种信息。

到事件公布时间为止，已经有 27 万人同意了该条款，加上他们的好友，一共有 5,000 万人的数据被"thisismydigitallife" APP 获取。因为 Aleksandr Kogan 违反了"只用作学术用途"的约定，把数据交给了商业属性的广告公司剑桥分析公司，脸书公司了解到之后，曾要求 Kogan 和剑桥分析公司删除相关数据。

但出于利益原因，Kogan 和剑桥公司表面上答应删除数据，但是私下并没有照做。

由于剑桥分析公司曾经宣称自己的数据影响了政治选票，加上这起"数据门"涉及的用户数据实在过于庞大，因此这起事件引起了社会各界的广泛关注。在互联网大数据行业，除了改善现有系统开放程度的声音外，还出现了一些深刻的反思。

正如学者 Zeynep Tufekci 所言，从技术上看，这起事件的确不存在传统意义上的黑客攻击，不能算是数据泄露事件，但也正因为如此，背后的问题才更值得深思。在这起事件中，脸书起初和 Kogan 达成合作，是作为用户数据的提供者的，也就是说，这是脸书商业化的必经之路：首先收集用户数据，各种个人信息都尽量收集完整然后把信息卖给广告商等进行精准营销。这并不是脸书独有的模式，而是许多互联网公司常用的基础商业化模式。

针对"数据门"，脸书宣称的补救措施是不再允许第三方平台获取用户好友信息，并让 Kogan 和剑桥公司删除相关数据并提交了证明。但正如美国《华盛顿邮报》对此事件的评论所说，许多专家对脸书的补救行动都持以消极态度，因为根据目前的整个网络传播特点，数据资料一旦扩散就无法以抹去痕迹的方式追回，Kogan 和剑桥公司提交的书面证明更像一纸空文，而且脸书方面并未花精力检验他们是否真的删除了数据。

脸书"数据门"事件让互联网用户们真实地看到了个人数据信息的不安全，越来越多的人想远离互联网巨头的数据掌控，重新夺回对自己隐私数据的主控权。而互联网公司为了继续赢得用户的信任，也为了保障自己企业数据的安全，也开始了积极探索解决网络隐私问题的最佳途径。

除了互联网服务商的责任，数据安全问题不断出现是否还存在其他根源性问题？是否说明如今的互联网基础中心化存储机制有着自身的缺点，无法满足日益增长的大数据存储需求？从这个角度出发，区块链技术或许能够为数据安全提供加密手段，保障用户数据的主控权。

根据万维网创立者 Tim Berners-Lee 教授的公开采访，他认为区块链技术可以减少互联网巨头对用户数据的控制和影响，把数据使用权交还给数据的产生者。从这个角度上讲，由于区块链能够对数据提供数据签名等加密手段控制访问权，数据的产生者也就是普通互联网用户就能够真正摆脱服务商的控制，从源头解决互联网数据的滥用问题。

不仅如此，区块链技术还提供了不对称加密技术等加密手段，能够为链上数据加密，减少大数据交易过程中的数据安全问题，这也是许多IT巨头正在努力的方向。

区块链技术能够将数据的使用权交还给用户，从根源上解决了数据滥用的问题，也给互联网巨头提供了对数据加密的方法，让两方面强强联合，能够为解决数据安全问题带来新的进展。